MAGIA DO AR

AVISO

A editora e seus escritores não se responsabilizam por eventuais lesões ou prejuízos sofridos pelo leitor que possam decorrer da utilização do conteúdo presente nesta obra, e sugerem prudência ao ponderar sobre as práticas apresentadas neste livro. O conteúdo desta leitura não tem como objetivo substituir orientações de profissionais da área médica ou psicológica. Recomenda-se que os leitores procurem seus especialistas em saúde pessoal para tratamentos. O uso de ervas, plantas e óleos essenciais deve ser feito com cuidado, e uma investigação detalhada acerca de qualquer planta citada neste livro deve ser conduzida pelo leitor antes de manuseá-la. Ao lidar com fogo, siga as medidas de segurança contra incêndios e jamais deixe velas ou outras fontes incandescentes sem a devida supervisão.

Astrea Taylor

Elementos da Bruxaria

MAGIA DO AR

ARDANE

Publicado originalmente em inglês sob o título: Air Magic

Published by Published by Llewellyn Publications - Woodbury, MN 55125 USA,
www.llewellyn.com

Tradução autorizada do inglês

Editor: Claudiney Prieto
Coordenação Editorial: Luciana Papale
Tradução: Ardane Books
Diagramação: Ardane Books
Capa: Ardane Books
Revisão: Grupo Papale's

DADOS INTERNACIONAIS DE CATALOGAÇÃO NA PUBLICAÇÃO (CIP)
CÂMARA BRASILEIRO DO LIVRO, SP, BRASIL

T238 Taylor, Astrea
Magia do Ar / Astrea Taylor; tradução de Ardane Books
Editora Ardane | 1ª edição | São Paulo | 2023

Tradução de: Air Magic
ISBN 978-65-85370-16-5

l. Wicca. 2. Esoterismo. 3. Bruxaria. 4 Magia I. Título.

CDD 133.43
CDU 133.4

Índice para catálogo sistêmico:
1. Bruxaria: Ocultismo 133-43

EDITORA ARDANE
www.ardane.com.br
Tel.: (11) 97774-4013 | E-mail: contato@ardane.com.br
Instagram: @ardanebooks

Para Tim,
cujo amor,
inteligência
e criatividade
me inspiram
todos os dias.

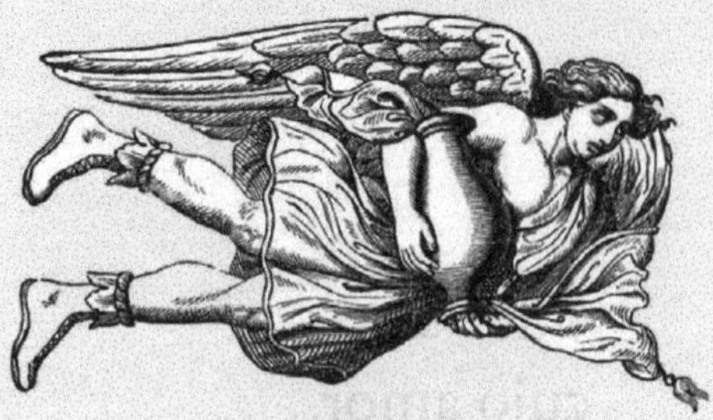

SUMÁRIO

A Bruxa da aldeia cultivava suas próprias ervas, fazia seus próprios amuletos e aperfeiçoou o Ofício das Bruxas aderindo aos métodos transmitidos ao longo das gerações. A Arte da Bruxaria também foi ensinada "na voz do vento", o que reflete o ensinamento de que os espíritos transmitem as velhas formas àqueles que eles consideram dignos.

— Raven Grimassi

PREFÁCIO

DURANTE SÉCULOS e através de muitas práticas esotéricas, os elementos foram os pilares da prática da Magia. Seja na Astrologia, seja na Bruxaria Moderna, esses quatro elementos básicos estabeleceram limites e estruturas dentro de arcabouços espirituais multidimensionais maiores. Os elementos podem trazer conceitos para casa e torná-los mais facilmente compreensíveis.

A Terra é literalmente o chão sobre o qual caminhamos: rochas, lama, montanhas. É também o nosso corpo e a vida manifesta fisicamente, o nosso centro e a nossa estabilidade.

O Fogo é a chama na lareira. É a vela, a fogueira, o Sol. Ele aquece e destrói, tem o poder de transformar e de incitar. A sua chama é a nossa paixão e a nossa vontade de continuar.

A Água é a chuva dos céus. São os oceanos e os lagos do mundo, o banho reconfortante e o orvalho da manhã. É o nosso sangue e suor, assim como as nossas memórias. Ela rege nossas emoções e se manifesta como lágrimas.

O Ar está ao nosso redor. É a nossa respiração, os sons que ouvimos e o vento que toca o nosso rosto, carregando as sementes e o pólen, é o aroma que nos deixa em alerta ou nos embriaga. É o Ar que faz chegar até nós o som das canções das mais diversas culturas. Ele é a nossa voz, os nossos pensamentos, as nossas ideias.

Embora cada sistema esotérico aplique esses conceitos básicos de maneira diferente, os elementos estão lá, ajudando a estruturar a prática e a desenvolver uma maior compreensão de si mesmo. Para as Bruxas Modernas, os elementos são frequentemente representados por seus Instrumentos Mágicos, com o Cálice simbolizando a Água e o Pentagrama a Terra, por exemplo. Para os Wiccanianos, mais especificamente, os elementos ajudam a traçar o Círculo Mágico e a fortalecer os quadrantes de proteção. No Tarô, os elementos fluem através das imagens simbólicas e dos naipes das cartas, na Astrologia, os elementos correspondem ao Zodíaco, com três signos para cada elemento.

De forma simples, para muitos os elementos ainda fornecem orientação espiritual para meditação diária, visualizações, feitiços ou lições de vida. Alguém pode se perguntar: "qual elemento eu preciso para passar pelo dia de hoje?"

O livro a seguir é o segundo de uma série especial que mergulha profundamente no simbolismo e no uso mágico dos elementos. Cada livro se concentra em apenas um elemento, começando com a Água. Os livros cobrem tudo associado aos elementos, desde lugares sagrados e divindades até feitiços e rituais práticos. Para a Bruxa ou o Bruxo que deseja se envolver na prática elemental ou para alguém que precisa de um recurso sobre cada um dos elementos, este segundo livro e seus irmãos fornecerão tudo o que a pessoa precisa.

Escrito por quatro autores diferentes de todo o mundo, os quatro livros da série Elementos da Bruxaria mostram quão ampla e profunda é a compreensão esotérica dos elementos e como fazer esse conceito funcionar para suas próprias necessidades mágicas e espirituais.

Junte-se a nós nesta profunda exploração do uso mágico dos quatro elementos.

HEATHER GREENE
EDITORA DE AQUISIÇÕES, LLEWELLYN WORLDWIDE

Para Voar

Pixel Witch é produtora, drag queen, trapezista e dançarina. Quando não está se apresentando em todo o mundo, ela se apresenta no The House of Yes, em Nova Iorque

A Magia do Ar tem a ver com transcendência.
O que pode ser mais transcendente do que um ser humano
fora de seus pés?
Do que voar?
Voar...
...é transcender qualquer coisa que alguém pensou que
o ser humano fosse capaz de fazer.
Não temos asas.
Não saltamos muito alto.
Somos animais terrestres.
E ainda assim, devido às mentes curiosas dos artistas,
do sonhador e da Bruxa que pensou
"e se?".
Um ser humano pode sim voar.
Escalar,
para chegar o mais longe possível do manto da Terra,
é voar –
é fazer Magia.

Pixel Witch

• • • • • •

but
Since
revolutions from
when θ=

Introdução

O VENTO QUE SE AGITA

VOCÊ JÁ ESTEVE AO AR LIVRE em um passeio quando um vento frio agitou todas as folhas ao seu redor? Talvez o vento tenha acariciado sua pele ou brincado com seus cabelos ou com suas roupas. Você pode ter sentido que o vento moveu seu espírito e promoveu uma sensação de efervescência em seu interior. Ou até mesmo pode ter sentido que... "sim, eu posso voar".

Se você já sonhou com um voo mágico, sabe que há certa familiaridade nisso. É quase como se voar fosse uma habilidade natural que tivéssemos e que apenas precisássemos nos lembrar de como fazê-lo. Voar, pode parecer extremamente poderoso em nossos sonhos, pois conseguimos nos ver muito acima do chão, livre de nossas preocupações. É um sentimento místico e sutil, a analogia perfeita para a sensação do elemento mágico do Ar.

Desde os tempos antigos, as pessoas estudam o elemento Ar. Ao longo dos milênios, ficou comprovado que este é um dos quatro estados básicos de energia, assim como a Terra, a Água e o Fogo.

Associado à mente, ao pensamento, à respiração, à inspiração e à imaginação, este elemento também é conectado às diversas formas de comunicação, a viagens, mudanças, ao espírito, elevação e expansão.

Este livro explora todas essas qualidades do Ar e revela como as Bruxas modernas podem usar o poder deste elemento em seu ofício.

Como alguém que estudou a Magia do Ar por vários anos, senti-me inclinada a escrever este livro. Estudei vários tipos de trabalho respiratório, tanto na meditação quanto na ioga. Essas práticas revelaram as conexões diretas entre o espírito, a respiração e a mente. Assim como aprendi nas minhas aulas de arco e flecha na faculdade, sei que a respiração faz uma enorme diferença quando o assunto é direcionar energia. Uma respiração longa e lenta estabiliza a mente e permite que a flecha atinja o alvo com mais frequência. Como cientista ambiental, a natureza científica do Ar está na minha "casa do leme". Estudei o clima, as tempestades e a atmosfera em constante mudança. As criaturas do Ar também são familiares a mim com base nos meus estudos sobre morcegos, pássaros e borboletas. Tenho experiências diretas com espíritos, projeção astral e Magia do clima. Além disso, meu mapa natal astrológico tem vários planetas em todos os três signos de Ar.

Em meus estudos, formulei três aspectos diferentes que facilitam o relacionamento com o elemento Ar, que são: o Pessoal, o Físico e o Mágico. Cada um desses aspectos incorpora várias qualidades distintas do elemento Ar.

O Elemento Pessoal do Ar: Respiração, Mente e Comunicação

A respiração nos dá uma conexão muito pessoal com o elemento Ar. O fluxo constante de nossos pulmões nos conecta com ele o tempo todo, de forma vital. Respiramos entre dezessete mil e vinte e três mil vezes por dia, o que é mais frequente do que qualquer outra atividade.[1] Reserve um breve momento para inspirar profundamente e se conectar com o que está presente em seus pulmões agora. Se você começar a desacelerar sua respiração, há uma boa chance de começar a relaxar. Por outro lado, se respirar mais rapidamente, poderá ficar mais alerta e concentrado. A respiração controla nossa mente e pode ser usada para facilitar estados de transe e trabalho espiritual.

O ar também está associado à nossa mente. Usamos nosso cérebro todos os dias, seja na forma de pensamento crítico, seja com a nossa visão, organização, invenção, planejamento, aprendizado, seja com qualquer uma das inúmeras outras funções da mente. Uma mente ativa está frequentemente ligada a um turbilhão de ideias, *brainstorms* de criatividade e raios de inspiração.

A comunicação é outro aspecto pessoal do elemento Ar. Sempre que escrevemos, falamos ou cantamos, estamos expressando nossos pensamentos. Este ato transforma nosso mundo interno e o faz nascer no mundo externo, criando novas possibilidades.

O Elemento Físico do Ar: Expansão, Viagem e Mudança

A ciência revela muitos dos segredos do mundo invisível do ar ao nosso redor. Isso inclui sua natureza física, que é expansão, viagem, transporte, mudança. O ar é composto de vários gases diferentes, que têm uma preferência natural para se expandir e viajar o máximo possível. As moléculas de ar estão sempre em movimento e geralmente em um ritmo muito mais rápido do que as partículas sólidas ou líquidas. Esse movimento, essa viagem, permite que o ar entre em contato com

1 AAnn Brown, *How Many Breaths Do You Take Each Day?* The EPA Blog, publicado em 24 de abril de 2014, acessado em 3 de julho de 2019, https://blog.epa.gov/2014/04/28/how-many-breaths-do-you-take-each-day.

vários tipos diferentes de outras moléculas e, quando as condições são adequadas, elas mudam.

Naturalmente, o ar tem a função de trasnportar todos os tipos de coisa. Por exemplo, as ondas sonoras de uma corda de harpa dedilhada ou o aroma de um incenso queimando podem facilmente viajar pelo ar. O vento, ou o ar em atividade, pode até mesmo movimentar partículas – isso é evidente na forma como o vento esculpe sutilmente as montanhas, levando sua poeira para outros locais. O vento também trasnporta calor, eletricidade e umidade. Quando as frentes de ar que são energeticamente diferentes colidem, elas liberam essa energia na forma de raios, trovões e chuva.

O ar está em constante mudança. Os diferentes elementos e moléculas do ar estão constantemente sendo liberados, fixados ou transformados em outra coisa. O ar que respiramos neste exato momento pode ter sido parte de uma planta aloe vera, de um recife de coral, de uma arara vermelha, de uma gota do lago Victoria ou de um poço de piche.

O Elemento Mágico do Ar: Criação, Manifestação, Espíritos e Divindades

A magia do elemento Ar nos envolve o tempo todo. Estamos imersos nela. Você pode pensar nisso como um mundo invisível cheio de energia, espíritos e divindades. Podemos ver isso também como nosso próprio plano ou reino energético. Nossos pensamentos e palavras estão em constante comunicação com este reino. O elemento mágico do Ar recebe nossos pensamentos, ondas cerebrais e comunicações psíquicas, traduz em energia e a transmite para o mundo. É assim que funciona a Magia da manifestação.

Sempre que entramos em estado de transe, nossas mentes e espíritos mudam para a frequência do elemento mágico do Ar, o que facilita nossa comunicação com os espíritos e divindades que ali residem. O Reino Mágico do Ar também é para onde nossos espíritos viajam quando nos projetamos astralmente.

Reunindo os Aspectos do Ar

Frequentemente experimentamos todos os três aspectos do elemento Ar ao mesmo tempo. É assim que um espírito pode residir dentro de um corpo. Também é desta maneira que as plantas e as rochas têm a energia do Ar. O Reino Mágico do Ar conecta o plano físico com os planos espirituais superiores. Está tudo conectado – o ritmo de nossa respiração muda nossa mentalidade, que cria nossos pensamentos, que nos ajudam a escolher as palavras. Quando essas palavras são expressas, elas transmitem a energia de volta para o Reino Mágico do Ar, onde ela viaja por toda parte e, eventualmente, atrai a mesma energia de volta para nós.

A energia do Ar tem um fluxo natural, com a energia entrando e saindo constantemente. Isso pode ser visto como energia sendo recebida e transmitida, seja através da respiração, da mente, da comunicação e da escuta ou do espírito dando e recebendo energia.

Ao trabalhar com o elemento Ar, use quaisquer aspectos e características deste elemento que o inspire a senti-lo verdadeiramente em todos os três níveis. Sinta o ar ao seu redor, seus pensamentos e os espíritos que residem nele. Use sua respiração, sentidos e espírito! Invoque tudo o que move o elemento Ar dentro de você e sinta-se leve como uma pena.

Para o alto e avante!

Quando você estiver pronto para se elevar à magia do elemento Ar e aprender mais, respire fundo. Considere um recomeço e use todas as informações e sabedoria que você puder obter. Visualize todas as suas intenções se tornando realidade em detalhes. Quando estiver pronto, ative a energia do Ar de novos começos e vire a página.

PARTE 1

HISTÓRIAS, MITOS E FOLCLORE

Subindo a montanha arejada,
Descendo o vale cheio de mato,
Não nos atrevemos a caçar
Por medo dos homenzinhos.

—William Allingham, *The Fairies*

but
Since
revolutions from
when

Capítulo 1

O AR NO DECORRER DO TEMPO E DA CULTURA

AR, PENSAMENTO E RESPIRAÇÃO são conceitos poderosos que estão todos ligados ao espírito. Há evidências disso na arqueologia, etimologia, arte, adoração e mitologia. Vários temas do elemento Ar prevalecem ao longo da história, mas talvez o mais revelador de todos seja o desenvolvimento da mente e do espírito humanos ao longo do tempo. As mentes humanas foram moldadas pelo advento do pensamento que, eventualmente, trouxe conhecimento, e às vezes sabedoria. O caminho do espírito humano é paralelo não apenas ao da mente, mas também como outros espíritos eram vistos.

Vamos voltar no tempo para ver a história humana pelo escopo do elemento Ar através da mente e do espírito. Por meio de seus desenvolvimentos, desafios e triunfos, o poder do Ar se manifesta. Embora este capítulo não cubra uma história completa da mente e do espírito (e provavelmente nenhum capítulo jamais poderia), as tendências ocidentais mais proeminentes estão incluídas, bem como um pouco da história mundial.

Mentalidade Pré-histórica: Animismo

No alvorecer da consciência humana na Idade da Pedra, provavelmente prevalecia uma mentalidade animista. A palavra "animismo" vem da palavra latina animas, que se traduz na filosofia da respiração, mente e alma. Esta é a crença e o conhecimento interior de que tudo está vivo, com um espírito e uma inteligência própria. É uma forma muito conectada de ver o mundo. Como essa mentalidade mágica provavelmente ocorreu por vários milhares de anos, acredita-se que ela tenha dado o tom para o subconsciente.

A Era Neolítica marcou mudança quando o pensamento se tornou mais predominante. Nessa admirável nova era, as pessoas começaram a conceber e a planejar o futuro. Desta vez, surgiram inovações como agricultura, domesticação de animais e construção de casas permanentes. As invençõs surgiram para resolver problemas comuns e essa era teve um aspecto espiritual mais desenvolvido. A mentalidade animista foi ligeiramente modificada quando as pessoas viram o mundo natural como mais um problema que poderiam resolver com suas mentes. Nasceram as divindades – e em vez de ver o vento como uma força viva misteriosa, ele se tornou um espírito ou divindade específica com um nome e uma história. Era possível interagir com ele por meio de oferendas, reverência e diálogo. Muito do animismo permaneceu, mas essas divindades eram vistas como mais poderosas do que os espíritos animistas – mais como uma classe governante ou real de espíritos em oposição aos espíritos da natureza. A religiosidade surgiu durante essa época, e as antigas religiões pagãs foram criadas.

As moradias permanentes e as aldeias criaram comunidades de pessoas que achavam benéfico se reunirem em determinadas ocasiões. Eles criaram rituais para celebrar os novos Deuses e marcar as estações do ano. Essa era também viu a veneração dos mortos por meio de locais de sepultamento e rituais funerários. Monumentos de pedra foram erguidos nessa época, incluindo Stonehenge e as Grandes Pirâmides. Houve também um grande aumento na comunicação, na arte e no refinamento da linguagem.

História Antiga e a Magia

A Era Pré-histórica terminou quando a história começou a ser registrada, ou seja, com a invenção da palavra escrita. Rituais e mitos Pagãos foram documentados em obras como *A Ilíada* e *A Odisseia*, fornecendo um instantâneo glorioso de crenças antigas. Com métodos mais sofisticados de comunicação e raciocínio, essa era promoveu o nascimento da poesia, da magia, da ciência, da filosofia e da religião mais desenvolvida, além de ter destaque na arte refinada, na astronomia, na matemática e muito mais. Todas essas áreas de estudo eram consideradas formas de entender e influenciar o Universo, e não eram separadas.

Apesar das grandes distâncias entre a maioria das culturas antigas, surgiram vários temas relacionados a este elemento, incluindo os poderes de criação do ar, a filosofia do ar como um elemento mágico, a crença de que o ar está conectado aos espíritos e muito mais. Aqui estão alguns dos antigos temas do elemento Ar.

O Elemento Ar e a História da Criação

Inúmeras histórias da criação do Universo, da Terra, da vida e da humanidade começam com o elemento Ar. Pode ser uma respiração, uma palavra falada ou uma divindade associada ao este elemento. Tudo isso está ligado à associação do Ar com começos e iniciações.

O Ar é predominante nos mitos de origem grega. Eles acreditavam que o Universo foi criado quando um ser informe chamado "Caos" deu à luz a "Noite", uma Deusa com asas negras. Noite botou um ovo do qual todo o Universo nasceu. A Terra foi criada com a fusão do Deus que personificava o Céu e o Ar, Urano, e Gaia, a Deusa da Terra. A humanidade foi criada por Prometeu e Epimeteu, Deuses cujos nomes significam premeditação e reflexão tardia.

Membros da tribo Minyong, do Norte da Índia, também acreditavam em um Deus criador do Céu e em uma Deusa criadora da Terra. Essas divindades deram origem as primeiras pessoas.

Os antigos chineses acreditavam que o Universo tinha a forma de um ovo, às vezes chamado de "ovo cósmico". Dele veio o ar ou a respiração (conhecido como *Qi*, *Chi* ou *Ki*). Este ar também criou a Terra e toda a vida, incluindo a humanidade.

Mitos taitianos envolvem um ovo cósmico, do qual emergiu um Deus que criou o Universo e os humanos.

A nação Huron de nativos americanos acreditava que o primeiro ser humano, uma mulher, caiu de uma fenda no céu.

No antigo Egito, Thoth, o Deus da sabedoria, da escrita e da Magia, falava palavras para criar a si mesmo. Ele então pôs o ovo que se tornou o mundo. Rá também é creditado por criar os Céus, a Terra e as pessoas. Um pássaro mitológico chamado "benu" nasceu ao mesmo tempo que o mundo e, todas as manhãs, ao nascer do sol, ele renasce com o Sol nascente.

Nos mitos maias, uma serpente emplumada e uma divindade conhecida como o "Coração do Céu" criaram o mundo físico com suas palavras e pensamentos. Eles também deram origem aos seres humanos, à linguagem, à escrita e aos livros.

O povo Yoruba da Nigéria acreditava que um espírito chamado "Olorum" era o governante do Céu. Ele ordenou a criação da Terra e deu vida à humanidade.

Outras religiões antigas, incluindo o judaísmo e o cristianismo, acreditavam que uma palavra falada deu origem ao Cosmos e à Terra. Esse tipo de pensamento é evidente em nossa linguagem moderna – até mesmo a palavra "Universo" pode ser traduzida como "uma canção".

A Filosofia do Ar como Elemento Mágico

Várias civilizações antigas acreditavam em elementos básicos, ou energias das quais todo o resto era composto. Essa noção se originou em todo o mundo, incluindo nas antigas civilizações da Grécia, Japão, China, partes da África, Índia, Tibete, Havaí e Norte da Europa. O número desses elementos variou de três a sete. Empédocles, um filósofo e mágico grego do século 5 AEC, pensava nos elementos como essências espirituais, cada uma com sua própria e poderosa energia divina. Esses sentimentos são repetidos por Anaxímenes, um filósofo grego de cerca de 500 AEC, que acreditava que o Ar criou o Universo e o mundo, e era a fonte de todos os outros elementos.

A filosofia do elemento Ar foi desenvolvida nesta época. Aristóteles declarou que a natureza do ar era quente e úmida. No século 4 AEC, o médico grego Hipócrates associou o ar ao sangue, porque ambos eram quentes e úmidos. Por volta de 300 AEC, o alquimista Zósimo foi o primeiro a associar o Ar a uma direção cardeal: o Sul. Hermes Trismegistus, um sábio egípcio que viveu por volta de 200 EC, promoveu os conceitos de correspondências elementais do Ar

A Respiração Contém o Espírito da Vida

A associação entre respiração e espírito faz sentido – respiração é o primeiro sinal de vida após o nascimento e é uma das últimas coisas que fazemos antes de deixarmos este mundo. Como tal, a respiração (ou o Ar) é considerada por muitas culturas como a vida ou o próprio espírito. Em grego e Latim, a palavra *psique* se traduz em respiração, vitalidade, vida e espírito. A raiz da palavra "respirar", do latim *spirair*, está associada às palavras "espírito", "inspiração" e "aspiração". *Pneumea* é a palavra grega para "respiração" e "espírito". A palavra hebraica *ruach* se traduz em "respiração", "ar", "vento" e "espírito".

Algumas divindades, como Yahweh, Odin e Olorum, deram vida às primeiras pessoas. Os navajos acreditam que a primeira respiração de um bebê determina seu destino. Em algumas práticas nativas americanas, um xamã pode capturar um pedaço fragmentado de uma alma em seus pulmões e soprá-lo de volta para uma pessoa – a respiração do xamã tem o poder de reunir os fragmentos quebrados de uma alma. Outra conexão entre a respiração e o espírito é que "respirar" é considerado por muitos como a chave para limpar a mente e alcançar a projeção astral.

O Ar Contém Espíritos ou Divindades

Muitas civilizações antigas acreditavam que os espíritos viviam no Ar. Na Grécia antiga, eles eram chamados de *Daemons* e eram considerados um grupo de espíritos benéficos ou inofensivos, que incluía espíritos da natureza, as almas dos mortos, guardiões e guias tutelares.[2] Os Daemons podiam agir em nome dos humanos no mundo e eram intermediários entre os humanos e os Deuses.

Em algumas culturas antigas, os ventos eram associados aos espíritos. A lenda irlandesa das *sidhe*, ou os espíritos conhecidos como *Fae*, traduz-se literalmente como "rajada de vento" ou "povo do ar"[3] De forma similar, ventos fortes foram caracterizados como "cavalos feitos de ar" em algumas culturas. A "Caçada Selvagem" é um mito europeu sobre uma coleção de espíritos, liderados por Odin, que montavam cavalos

2 "Daimon, Online Etymology Dictionary, acessado em 28 de dezembro de 2019, https://www.etymonline.com/word/daimon.

3 Ottis Bedney Sperlin, Studies in English-World Literature, (New York: Century Company, 1923), 268.

fantasmagóricos, faziam os ventos uivarem e anunciavam a desgraça para aqueles que os viam.

Em muitas culturas, o vento era personificado como uma divindade. Na religião dos nativos americanos Navajos, o Vento Sagrado é a entidade onisciente e todo-poderosa que faz tudo acontecer. Eles acreditam que tudo tem esse vento interno, que pode ser traduzido em "espírito". Algumas culturas, incluindo as dos egípcios, gregos, romanos, celtas, nativos americanos e nórdicos, tinha uma divindade para cada um dos "quatro ventos", ou os ventos das quatro direções cardeais. Cada uma dessas divindades estava associada a uma energia, uma temperatura e uma estação.

A Mente é um Centro de Energia

Outro tema comum que surgiu nessa época é que a mente contém um nexo de energia relacionado ao pensamento, visualização, comunicação e outros aspectos do ar. Isso fica claro pois aquilo que é chamado de sexto chakra no hinduísmo, *hugr* pelos nórdicos, *nafs* no sufi, *Coire Sois* (visto como um Caldeirão) entres os celtas e *uhane* na *Huna*, é considerado tanto a "mente consciente" quanto o "espírito".

Idade Média: Repressão da Mente e do Espírito

A Idade Média começou logo após a queda de Roma, em 476 EC. As religiões Pagãs diminuíram à medida que as religiões patriarcais ganharam destaque no mundo ocidental. Alguns historiadores acreditam que essa mudança foi congruente com uma mudança mental que ocorreu devido à invenção da escrita linear. Em 538 EC, a Igreja Romana havia banido toda a adoração Pagã. As poucas práticas Pagãs que não foram obliteradas foram despojados de seus significados originais e incorporados às práticas da Igreja. Estudos científicos, alquímicos e mágicos foram proibidos. Vários alquimistas fugiram para partes do Oriente Médio, onde havia maior tolerância religiosa.

Para grande parte do mundo ocidental, foi uma Era não iluminada. Poucas pessoas sabiam ler e os livros eram guardados em bibliotecas particulares devido ao seu alto custo. No entanto, apesar do crescente poder da Igreja, um pouco do Paganismo e do folclore conseguiu sobreviver. Nos séculos 8 e 9, vários oficiais da Igreja registraram testemunhos de mulheres que relataram ter "voado", aparentemente por projeção astral ou sonhos, nos céus noturnos com outras pessoas, animais, a Deusa Diana e/ou seres sobrenaturais. O conto da Bruxa voando pelo céu noturno pode ter surgido dessas descrições.

Nos séculos 11 e 12, livros recém-traduzidos chegaram à Europa de fontes árabes, judaicas e gregas, o que despertou um interesse renovado no aprendizado. As pessoas aprenderam sobre filosofia, astronomia, astrologia, ciência, alquimia, magia, comunicação espiritual, adivinhação e tópicos como os poderes mágicos de pedras e plantas. A abundância de informações forneceu uma base para a Magia medieval e para o que ficou conhecido como "Renascimento do Século 12".

Nessa época, os oficiais da Igreja provavelmente liam os textos antigos sobre Daemons e os interpretavam como espíritos malignos. Isso se presume a partir da invenção da palavra "demônio" por volta de 1200 da EC, significando "um espírito maligno... um demônio".[4] A Igreja considerava todos os espíritos maus, inclusive "os antigos Deuses, os mortos, os espíritos da natureza, os espíritos do lugar e os espíritos folclóricos como fadas, elfos e duendes. Esses "demônios" eram

4 "Demon," Online Etymology Dictionary, accessed December 28, 2019, https://www.etymonline.com/word/demon.

associados ao elemento Ar e ao "diabo", que era chamado de "o Príncipe do Poder do Ar."[5]

A demonização literal do próprio ar que era necessário para respirar criou uma perspectiva temerosa da vida como uma batalha constante entre o bem e o mal. A Igreja ficou cada vez mais paranoica com as pessoas invocando e se comunicando com esses espíritos, no que chamavam de "necromancia". Em 1239, a Igreja formou a Inquisição, cujo objetivo era eliminar a heresia e o mal, assim como os rebeldes. Estima-se que de quarenta a sessenta mil pessoas foram mortas, e muitas outras foram torturadas em um banho de sangue que continuou por vários séculos no Iluminismo. No entanto, novos livros mágicos ainda eram publicados e circulados, mesmo sob possível punição de morte.

Renascença: Um Renascimento Cauteloso

A palavra "Renascimento" significa "renascer" o que é um nome adequado para uma época em que a invenção da imprensa permitiu que temas como as artes clássicas, as ciências e a filosofia voltassem a florescer. Livros e panfletos foram copiados rapidamente e as informações foram divulgadas em larga escala, o que incentivou a alfabetização e o desenvolvimento mental. No entanto, nem todas as informações impressas nessa época eram benéficas. Em 1487, a Inquisição produziu o *Malleus Maleficarum*, um guia do caçador de Bruxas para detectar, torturar e matar Bruxas. Apesar da severidade das inquisições, as ciências ocultas floresceram secretamente com a ajuda das impressoras. A palavra "oculto" foi inventado por volta de 1520, tendo como significado "encobrir ou ocultar"[6] Era necessário esconder o conhecimento arcano daqueles que

5 Eph 2:2 KJV.

6 "Occult," Dictionary, accessed December 28, 2019, https://www.dictionary.com/browse/occult.

o destruiriam. Ordens mágicas foram fundadas e panfletos informativos foram distribuídos. Durante essa época, vários livros foram publicados com hipóteses sobre a natureza do ar.

O Renascimento terminou em meados de 1600, quando o filósofo Descartes desenvolveu novas filosofias reducionistas que priorizavam o pensamento racional. A lógica e a razão começaram a se infiltrar no pensamento comum e semearam as sementes para a Era do Iluminismo. Como reação e uma tentativa de reprimir a liberdade de pensamento e espírito, a caça às Bruxas aumentou.

A Era do Iluminismo: Maior liberdade de Pensamento e Espírito

A Era do Iluminismo, começando por volta de 1715, marcou uma época em que as pessoas eram geralmente mais educadas do que jamais foram nos últimos mil anos. Elas questionavam a autoridade, valorizavam a razão e reverenciavam a liberdade de expressão. Todos esses princípios relacioados ao ar começaram a afrouxar o estrangulamento da religião e da superstição medrosa.

Com maior liberdade de pensamento, vários novos livros ocultistas foram copiados e publicados, contribuindo para mais material do que nunca. Mais sociedades secretas se formaram, como a *Freemasons* e o *Hellfire Club*. Embora a Inquisição continuasse em países como França, Alemanha, Suíça e Polônia, essa Era acabou marcando a última pessoa a ser executada por Bruxaria na Europa ou na América do Norte, em 1793. No final do século 18, surge a Era Romântica, com maior liberdade de expressão na arte. O amor pelo macabro e pelo misterioso decolou na literatura por escritores como Keats e Shelley, que frequentemente usavam divindades Pagãs em suas obras. Novos movimentos artísticos e espirituais começaram. Também nessa era foi quando os praticantes haitianos de Vodu emigraram para Nova Orleans, o que ajudou a estabelecer a religião do Vodu. Um movimento de renascimento druídico também começou nessa época, quando os druidas realizaram uma cerimônia em homenagem ao Equinócio de Outono, em 1798. Em 1800, a Era Romântica continuou a florescer no meio da Revolução Industrial. Vários novos livros ocultos e místicos foram publicados e muitos antigos foram republicados. O *Magus*, publicado em 1801, influenciou os mágicos cerimoniais durante séculos. Em 1820, *The Long Lost Friend* foi publicado. Este livro de receitas e feitiços de viés cristão ficou associado ao renascimento da magia popular e de uma prática conhecida como *Hoodoo*.

Espiritismo: Espíritos Revivificados

O movimento espírita começou em 1848, com um interesse em sessões espíritas e mediunidade que logo se espalhou pela Europa e América do Norte. Essa curiosidade também provocou estudos do Paganismo, ocultismo antigo e práticas espirituais em outras partes do mundo.

Durante esta época, Éliphas Lévi, um alquimista hermético e Mago Cerimonial, publicou vários livros de ocultismo. Ele parecia ter uma grande afinidade com o elemento Ar, pois reverenciava o conhecimento acima de tudo. Lévi desenvolveu os axiomas elementais, incluindo o conhecimento que ele tinha do ar, e nomeou os governantes elementais do Ar como Paralda. Ele aprofundou a compreensão das correspondências e da Magia ritualizada.

Muitos avanços espirituais ocorreram na última parte deste século. De 1850 a 1869, Marie Laveau se tornou uma renomada líder da comunidade Vodu de Nova Orleans. Helena Blavatsky promoveu diversas filosofias ocultas. Essa era inspirou a criação da palavra "Neopagão", por volta de

1875[7], e a formação de vários grupos e sociedades esotéricas, incluindo grupos Pagãos nórdicos e a *Societas Rosicruciana in Anglia*, levando à Ordem Hermética da Golden Dawn, que cunhou a frase "Torres de Vigia do Leste" para convocar os governantes elementais do Ar. Aleister Crowley, membro de vários grupos esotéricos, incluindo a Ordem Hermética da Golden Dawn, popularizou ainda mais a Magia Cerimonial. Outros autores da época, incluindo Charles Leland e Margaret Murray, publicaram livros com premissas de que as religiões ininterruptas da Bruxaria continuaram desde o Império Romano. Embora muitas de suas ideias fossem infundadas, elas refletiam uma idealização comum de Magia, mito e resistência naquela época.

Renascimento da Bruxaria: O Segredo foi Revelado

Em 1951, a lei antibruxaria britânica foi revogada. No mesmo ano, Robert Cochrane iniciou a Bruxaria Tradicional, um movimento de feitiçaria não Pagão. Em 1954, Gerald Gardner publicou *Witchcraft Today*, no qual revelou a prática da Wicca, uma versão anteriormente desconhecida da Bruxaria.

Na década de 1960, nasceu a contracultura. Muitas pessoas abandonaram a conformidade social e as religiões organizadas e houve um impulso em direção a uma maior igualdade. O movimento da Nova Era surgiu das cinzas do espiritismo nessa época. Essa nova maneira de pensar incorporou o poder do pensamento positivo e a busca de significado espiritual fora das normas sociais. As pessoas começaram a explorar maneiras de conectar mente, corpo e espírito, o que se refletiu na crescente popularidade de práticas orientais, como meditação e ioga. Muitos foram atraídos pela Natureza, pelo Paganismo e pela Bruxaria.

7 "Neopaganism," ibid, accessed December 21, 2019, https://www.dictionary.com/browse/neopaganism.

Vários livros sobre Bruxaria foram publicados, alguns dos quais defendiam um estudo solitário, autoiniciação e uma abordagem mais intuitiva da Magia e da Bruxaria.

Globalização: A Era da Informação

A internet mudou tudo – as informações foram compartilhadas de forma mais ampla e fácil como jamais visto e as pessoas se conectaram em todo o mundo, mesmo que não fosse na "vida real". As mídias sociais também conectaram pessoas com conhecimento de todo o mundo. Muitos intitularam essas mudanças como "Era da Informação", outros como "Era de Aquário". Isso é apropriado, considerando que o elemento Ar é mais prevalecente agora do que nunca entre todas as eras da humanidade. A informação está literalmente "no ar" em forma de wi-fi e conexões de celular. Outras tecnologias populares relacionadas ao ar incluem micro-ondas, energia eólica, drones e o sistema LiDAR (*Light Detection and Ranging*). E, claro, você provavelmente já ouviu o termo para bancos de dados – a "nuvem". Esta era é uma personificação tão perfeita do elemento Ar, que podemos chamá-la de "Era do Ar".

Para muitas pessoas, essa liberdade e acesso a informação incomparáveis, coincidem com um sentimento de desilusão com as instituições atuais. A solução? A Bruxaria. Muito mais pessoas estão estudando Bruxaria atualmente. De 2008 a 2018, estima-se que a população de Bruxos, Pagãos e ocultistas tenha dobrado nos Estados Unidos para um total de 1,5 milhão de praticantes.[8] Livros sobre Bruxaria, Paganismo e ocultismo estão sendo publicados e vendidos em taxas maiores do que nunca, e

8 Melissa Malamut, Witch Population Doubles as Millennials Cast Off Christianity, New York Post, publicado em 20 de novembro de 2018, acessado em 28 dezembro de 2019. https://nypost.com /2018/11/20/ witch-population-doubles-as-millennials-cast-off-hristianity/.

a "tendência" não parece estar diminuindo.[9] Os praticantes das artes mágicas as veem como práticas espirituais e formas de exercer mais poder em suas vidas.

A Era da Informação também tem uma crise única que está intimamente ligada ao elemento Ar. O acúmulo de gases do efeito estufa na atmosfera terrestre vem provocando mudanças no clima que podem ser irreversíveis.

Felizmente, podemos usar o elemento Ar para ajudar a resolver os dilemas de nossa Era. Podemos usar o discernimento quando se trata de informações e escolhas disponíveis para nós. Podemos exercer sabedoria em nosso consumismo. Podemos nos comunicar com nossos funcionários para aprovar leis que abrandem as mudanças climáticas. Esperançosamente, com novas invenções e inovações, continuaremos a prosperar nesta Era e alcançar a liberdade mental e espiritual para todos no Planeta.

9 Lynn Garrett, Season of the Witch: Mind Body Spirit Books, Publishers Weekly, publicado em 2 de agosto de 2019, acessado em 28 de dezembro de 2019. https://www.publishersweekly.com/pw/by-topic/new-titles/adult-announcements/article/80847-season-of-the-witch-mind-body-spirit-books.html.

Conclusão

O elemento Ar, na forma da mente e do espírito humano, cresceu com a humanidade. A história pode nem sempre ser bonita, mas é importante saber de onde viemos. Se a história se repetir, estamos prevenidos com o conhecimento prévio. Com a disseminação do pensamento livre e a capacidade de escolher nossos próprios caminhos espirituais, a mente e o espírito alçaram novas alturas. O futuro não está escrito, mas é provável que a sede de conhecimento, liberdade e igualdade continue a crescer em dimensões inigualáveis.

but
Since
revolutions from
when

Capítulo 2

CRIATURAS E LUGARES MITOLÓGICOS DO AR

MUITOS SERES E LOCAIS MÍTICOS estão associados à Magia do Ar. Criaturas como dragões, grifos e fadas fazem parte da consciência e da maginação humana coletiva. Eles podem ser encontrados em quase todas as formas de arte desde os primeiros registros do tempo: em pinturas, xilogravuras, cerâmica, afrescos, mitos, histórias e em brasões. Esses seres mitológicos do ar são apresentados em histórias que emocionaram e aterrorizaram o povo antigo. Da mesma forma, locais mitológicos do elemento Ar são encontrados em quase todas as culturas e inspiraram admiração e saudade desses outros mundos.

Por milênios, muitos desses mitos foram considerados realmente existentes. A crença comum nessas criaturas e locais se devia a relatos de experiências em primeira mão e a livros que incluíam criaturas imaginárias e reais. Pensava-se que talvez apenas algumas pessoas tivessem experimentado esses mitos, porque as criaturas eram raras, ou os caminhos para esses locais mítico eram inacessíveis, ou os seres desses outros mundos sequestravam qualquer um que se aproximasse e os devolviam décadas ou séculos mais tarde.

Quando a lógica começou a prevalecer sobre a superstição nos séculos 17 e 18, a visão desses mitos mudou. Esperava-se que os adultos fossem racionais e não alimentassem noções ilógicas ou fantasiosas. Com a contínua falta de provas de existência, as feras mitológicas foram finalmente categorizadas como criaturas fantásticas. Da mesma forma, os contos de fadas, que antes eram apreciados por todas as idades, foram relegados apenas às crianças.

No entanto, os mitos sobreviveram na forma de contos de fadas, fábulas, bestiários e lendas como as contadas pelos irmãos Grimm, Andrew Lang e J.R.R. Tolkien. Hoje em dia, seres e locais do elemento Ar estão entrincheirados na arte moderna, nos filmes, nos programas de televisão e nos livros. É quase impossível imaginar *Game of Thrones* sem dragões voadores, ou *Fillory*, o reino imaginário de *The Magicians*, sem fadas.

Pense nos mitos deste capítulo como visões excêntricas, tipos e personificações do elemento mágico do Ar. Deixe-os inspirá-lo a se sentir mais em contato com o este elemento, elevando sua imaginação. Eu encorajo você a dançar com as sílfides em espirais de fumaça de incenso. Imagine um majestoso grifo voando acima e sinta seu coração disparar. Procure nas nuvens aqueles castelos feitos de ar. Deixe que essas histórias elevem sua mente e espírito, como deveriam fazer.

Criaturas Míticas do Ar

Dragões Alados e Voadores

Os dragões já foram considerados as maiores criaturas da Terra. Eles voaram pelo Ar com facilidade e causaram todos os tipos de clima, especialmente tempestades. Dragões bons curavam e ajudavam, mas os dragões maus consumiam o gado e pessoas. Eles queimaram aldeias inteiras com um sopro de fogo. Na Inglaterra medieval, havia relatos de testemunhas oculares de enormes dragões escamosos que voavam com asas de morcego e aterrorizavam cidades. O lendário Rei Arthur era associado aos dragões, tanto que usava o emblema de um deles em seu capacete. Alguns historiadores acreditavam que os dragões eram um símbolo da antiga cultura Pagã, como também da resistência contra o cristianismo. Conquistar um dragão maligno era muitas vezes um eufemismo para superar uma luta interna e assim alcançar a libertação da alma das restrições mentais e emocionais.

Na China antiga, os dragões eram poderosos mestres do elemento Ar e portadores de boa sorte. Dragões brincam nas nuvens, rolando e às vezes perseguindo uma esfera de luz. Esses dragões podem se tornar tão grandes quanto o céu inteiro ou tão pequenos quanto um minúsculo verme. Como senhores do clima, eles dirigem o vento, as nuvens e a chuva. Embora os dragões tenham a habilidade de causar tempestades, eles só danificam a propriedade das pessoas se não estiverem satisfeitos com seu comportamento.

Magicamente, os dragões estão associados à ambição, ao subconsciente, aos desafios, à proteção e à destruição. Sonhos, clima, iluminação, sabedoria antiga, sorte, fertilidade, equilíbrio, manifestação, outros mundos, poder, coragem, riqueza, criatividade e proteção também são atribuídos aos dragões. Essas magníficas criaturas também podem estar associadas a outros elementos, dependendo de sua anatomia, habilidades e habitat. Semelhantes ao dragão são as criaturas mitológicas, o *wyvern* (um dragão com rabo de peixe) e o *cocatrice* (um dragão com rabo de peixe e cabeça de galo).

Serpentes Aladas

Serpentes aladas são encontradas no folclore em todo o mundo, incluindo na Europa antiga, Índia, China, Japão, América Central e do Norte, Havaí, Nova Zelândia, Finlândia, Egito e Oriente Médio.

Eles são do mesmo tamanho que as serpentes comuns, só que têm lindas asas emplumadas.

As lendas variam sobre as inclinações das serpentes aladas. Em alguns contos, são protetores e guardiões que agem em prol do bem da humanidade. Os fenícios os chamavam de *agathos daimon*, o que se traduz em "espírito protetor". Em um conto chinês, serpentes aladas chegam a uma casa e avisam a família sobre uma seca que se aproxima. No entanto, outros contos dizem que as serpentes aladas são perigosas e antagônicas. Suas mordidas causavam doenças e sua urina dissolvia a carne. As cobras aladas árabes, chamadas de "sirenes", tinham veneno que matava instantaneamente e elas podiam até correr mais que um cavalo.

Várias divindades egípcias foram retratadas como serpentes aladas, incluindo as Deusas Mertseger, guardiã dos túmulos; e Nekhebet, que preside o parto e a maternidade. A Deusa Buto, guardiã do Faraó, também era representada como uma serpente alada, às vezes usando uma coroa.

Nas antigas culturas tribais maias, a serpente emplumada Kukulcán era adorada como uma divindade transformadora e benevolente. Séculos depois, a lenda de Kukulcán tornou-se Quetzalcoatl, um Deus asteca representado como uma serpente emplumada.

A tribo nativa americana Cheyenne, adverte sobre uma lenda de uma serpente alada. Um dia, quando dois homens estavam caçando, encontraram um ninho gigante com os maiores ovos que já tinham visto. Um homem estava com fome e comeu um ovo inteiro. Vários dias depois, ele começou a se transformar em uma serpente gigante com penas. Ele desenvolveu penas e escamas por todo o corpo e ficou tão infeliz, que se jogou em um rio. De acordo com pelo menos um relato, esta é a razão pela qual os membros da tribo Cheyenne deixam uma oferenda de tabaco ou comida sempre que atravessam um rio ou um lago.

Dragões Pássaros

A tribo nativa americana Illini tem a lenda da gigante *piasa*, também conhecida como "dragão-pássaro", ou "o pássaro que devora os homens". Esta criatura tem uma envergadura de cinco metros e meio, escamas, chifres, asas de morcego, uma longa cauda escamosa e o rosto de um homem furioso. Originalmente, era uma besta benevolente, mas depois de ajudar os Illini na batalha, desenvolveu um gosto pela carne humana. Quando fugiu com vários membros da tribo Illini, teve que ser morta. Sua semelhança pode ser encontrada até hoje nas faces dos penhascos da região.

Nos mitos japoneses, os dragões pássaros eram considerados a forma mais avançada de todos os dragões. Eles foram descritos como tendo corpo de pássaro, cabeça de dragão, barba e um longo bigode que se arrastava atrás deles enquanto voavam.

Pássaros de Fogo

Vários pássaros mitológicos estão associados aos elementos Ar e Fogo. O mais conhecido dentre eles é a *fênix*, uma ave multicolorida do tamanho de uma águia, nativa das regiões árabes e que tem uma vida útil de várias centenas de anos. Quando chega a hora de morrer, a fênix cria um ninho de especiarias, incenso e mirra. Em seguida, voa em direção ao sol, entra em combustão, cai no ninho e morre. Depois de alguns dias, ressurge das cinzas e renasce. A fênix está associada à alquimia, transformando chumbo em ouro e refinando a alma. Este pássaro mágico também está associado à beleza, à espiritualidade, a recomeços, felicidade, força, esperança, destruição, longevidade, outros mundos, renascimento e renovação.

Acredita-se que a origem da fênix seja o egípcio *benu*, um pássaro mitológico em forma de garça que nasceu durante a criação do mundo.

Todas as manhãs, ao nascer do sol, o benu renasce. Ele está relacionado com a adoração dos Deuses do Sol Rá e Atum, e acompanha as almas dos mortos através do Submundo. Hieróglifos retratando o benu são frequentemente encontrados esculpidos nos topos das pirâmides banhados a ouro.

O *Fenghuang* é um lindo pássaro do fogo da China, que nasceu do Sol. Sua plumagem é multicolorida, ele em uma longa cauda de ouro avermelhado e possui qualidades masculinas e femininas. Esta ave mitológica representa metade do matrimônio real; sendo o dragão real a outra metade. Ele canta doces canções e é creditado por ter dado as escalas musicais para a humanidade. O *Fenghuang* aparece como um presságio durante um período de paz, ou quando um líder poderoso está prestes a nascer.

A lenda russa do pássaro de fogo é de uma ave cujas penas estão realmente em chamas. Através de poderes místicos, o pássaro não é prejudicado. Da mesma forma, o *caristae* é um pássaro que pode voar através do fogo sem se machucar. O *aitvaras* é um lendário galo lituano com uma cauda feita de fogo e pernas de dragão; ele troca fortuna, riqueza e grãos abundantes por uma omelete caseira.

Grandes Pássaros

Pássaros gigantes são lendários em todo o mundo. Um desses pássaros mais conhecidos é o *roc*, um pássaro temido da Suméria à China. Seu nome é derivado da palavra árabe *ruach*, que significa "fôlego de vida". Alguns acreditam que o *roc* é um corvo gigante, outros dizem que é uma águia, um abutre ou um condor. Ele é tão forte que voa carregando pessoas e até elefantes para alimentar seus filhotes. Alguns dizem que os *rocs* vivem na estrela do norte e que um deles botou um ovo que se tornou o mundo. O relato mais famoso de um *roc* está em *As Mil e Uma Noites*.

Quando Sinbad fica encalhado no oceano, um *roc* o resgata. Semelhante ao *roc* é o *anka*, um enorme pássaro árabe com uma envergadura de mais de quinze metros.

A lenda do *thunderbird* (pássaro-trovão) vem de várias tribos nativas norte-americanas. Esse pássaro gigante cria um estrondo de trovão toda vez que bate as asas. Ele é tão grande que, quando voa, a água cai do lago que existe em suas costas e faz a chuva cair em poças gigantes. Quando o pássaro-trovão está perto do oceano, ele caça baleias. E quando está no interior, luta contra as cobras d'água com chifres que vivem no fundo de lagoas e lagos. Magicamente, está associado à inteligência, ao poder, à força e à Magia.

Outro grande pássaro foi o *stymphalid*, um grou gigante de origem mitológica grega, cujo bico, penas e garras eram feitos do bronze mais afiado. Os *stymphalids* podiam disparar suas penas, que voavam pelo ar como facas mortais, e podiam facilmente perfurar até mesmo a armadura mais grossa. Eles eram conhecidos por consumir pessoas inteiras e destruir várias aldeias. Depois que Hércules matou a maioria deles, eles voaram para os cantos mais distantes do mundo, para nunca mais serem vistos.

Na Nova Zelândia, o povo Maori conta uma lenda de uma águia gigante, tão grande que pode capturar uma criança e alçar voo com ela. Da mesma forma, o *halulu* é um pássaro gigante do Havaí que também caça pessoas.

O Galo Celestial, ou Ave da Alvorada, é um enorme galo da China, cujos gritos ao nascer do Sol abalam o mundo inteiro acordado. Diz a lenda que todos os outros galos do mundo se originaram dele. Outra grande referência notável de pássaro são as pernas de frango gigantes que carregam a cabana de Baba Yaga pelas florestas escuras.

Pássaros mágicos

Alguns pássaros podem parecer normais, mas ao examiná-los mais de perto, você descobrirá que eles são realmente mágicos. Um exemplo é o *caladrius* persa, uma ave branca que tem a capacidade de curar as pessoas. Desde que alguém não esteja mortalmente doente, o *caladrius* assume sua doença. Isso faz com que suas penas fiquem cinza. Em seguida, ele voa em direção ao Sol e dispersa a doença no ar. Com isso, suas penas voltam a ficar brancas e, assim que retorna a terra, ele pode curar novamente. O *hōm* é outra ave que cura dores e feridas. Ele está associado à pureza e à divindade e também atua como mensageiro.

Odin tem dois corvos mágicos: *Hugin*, que significa "pensamento"; e *Munin*, significando "memória". Os pássaros sábios contam a ele todas as coisas que acontecem em todo o mundo, para que sua sabedoria nunca acabe de verdade.

Um pássaro mágico iraniano conhecido como *huma* é um espírito puro que incorpora as qualidades masculinas e femininas juntas. Raramente é visto, mas quando alguém o vislumbra, diz-se que será feliz pelo resto de suas vidas. Quando voa diretamente sobre uma pessoa, ela se tornará um governante. Às vezes é chamado de "ave da fortuna" ou "ave do paraíso".

O *cucuio* é um lendário pássaro das Índias Ocidentais, do tamanho de um polegar, que cria sua própria luz através de seus olhos. Eles são frequentemente capturados e enjaulados para que possam iluminar a noite com seus olhos brilhantes e misteriosos. Acredita-se que esta ave esteja relacionada com o mitológico *ercinee* alemão, um pássaro com penas fosforescente; e tem também o *alicanto*, um pássaro chileno que brilha depois de comer ouro ou prata.

Outro pássaro mágico é a *águia* de duas ou três cabeças. Com seus olhos enxergando longe em vários locais, esses pássaros viam tudo e sabiam de tudo. Eles eram símbolos de poder amplamente difundidos na tradição romana e celta, suas imagens majestosas sobrevivem em bandeiras e brasões.

No folclore mexicano, algumas Bruxas podem se transformar magicamente em *la lechusa*, uma coruja que atormenta os perversos e prediz a morte.

Humanos Híbridos

Criaturas híbridas humano-animal eram muito populares na mitologia, porque mostravam tanto o lado animal dos humanos quanto o lado humano dos animais. Um dos híbridos humanos mais famosos é a sereia – uma criatura, geralmente feminina e bela, com cabeça e às vezes peitos bem formados. Nas antigas lendas gregas, as sereias hipnotizavam os marinheiros com suas canções encantadoras. Uma vez encantados, os homens conduziam seus barcos em direção à ilha das sereias, onde eram despedaçados e suas carnes consumidas. Uma lenda conta que elas eram originalmente as servas de Perséfone. Quando ela desapareceu, Deméter as transformou em meio-pássaros para que pudessem voar por toda parte e procurá-la. As histórias das sereias gregas provavelmente inspiraram o *sirin* russo, uma coruja gigante com cabeça e peito de mulher, que canta canções adoráveis, e os eslavos *gamayun* e *alkonost*, ambos encantavam as pessoas com suas canções.

As harpias são um híbrido mitológico grego semelhante à sereia; no entanto, essas criaturas temíveis tinham corpos de abutres e rostos de velhas furiosas. Elas são descritas como os "espíritos dos ventos cortantes". Como cães de caça de Zeus, as harpias frequentemente fugiam com pessoas ilegais para entregá-las às Fúrias, as Deusas da vingança.

O *conchon* é uma estranha criatura Sul-americana com cabeça de mulher, corpo de pássaro e orelhas tão grandes que ele as usa para voar. Esta visão assustadora alerta as pessoas sobre a má sorte.

Já os *tengu* japoneses são homens que têm bicos e asas. Eles causam travessuras e danos onde quer que vão.

O *simurgh* persa é um pavão de cobre brilhante com garras de leão e cabeça de mulher. Seu nome se traduz em "pássaro da Lua". Embora seja grande o suficiente para transportar pessoas e animais, ele é uma criatura benevolente e onisciente. Sua própria presença purifica a terra. Como um dos únicos pássaros com capacidade de raciocinar e se comunicar, ele carrega mensagens entre a terra e o céu. Na famosa história *A Conferência dos Pássaros*, todos os pássaros procuram por ele, que é chamado de "o maior de todos os pássaros".

A *esfinge* alada grega é uma besta astuta com cabeça humana, corpo de leão e asas de águia. As esfinges praticavam a justiça devorando as pessoas que eram cruéis e ajudando as que eram boas. Elas também jogavam enigmas e jogos mentais com as pessoas. Se uma esfinge não recebesse a resposta certa de alguém, ela frequentemente consumia a pessoa. Magicamente, as esfinges estão associadas à Deusa grega Athena, à morte, destruição e Magia.

Semelhante à esfinge é o *buraq*, com cabeça de homem, orelhas de burro, corpo de cavalo e penas de pavão. Essa criatura está associada à pureza e eleva as pessoas aos mais altos reinos celestiais possíveis.

Poderíamos mencionar a representação de fadas como minúsculos seres humanos alados nesta seção; no entanto, a versão histórica das fadas não foi retratada dessa forma. Essa representação mais moderna decorre das noções românticas da era vitoriana e pode, na verdade, ser mais comparável a uma sílfide, um espírito elemental do Ar.

Animal Voadores Hibridos

A invenção de animais mitológicos incompatíveis pode ter sido uma maneira de transformar animais familiares em monstros conglomerados. Ao dar a eles todas as partes do corpo mais assustadoras, isso provavelmente garantiu o terror e o entretenimento de uma narrativa muito dramática.

Grifos são conhecidos como os "Reis das Feras" e foram considerados os maiores pássaros existentes. Eles têm cabeça, asas, antebraços e garras de uma águia gigante, e corpo, pernas e cauda de um leão. Os grifos são frequentemente vistos na arte do antigo Egito, Etiópia, Pérsia e Grécia, bem como na arte do Renascimento. Eles geralmente são descritos como protetores, mas também são conhecidos por capturar pessoas ou cavalos e alimentá-los com seus filhotes. Os grifos são tão fortes que poderiam fugir com um elefante ou búfalo adulto. Eles guardam seus tesouros de pedras e metais preciosos com suas vidas. Na mitologia grega, os grifos são chamados de "Cães de Zeus" e também estão associados a Athena e Apollo. Eles estão ligados a divindades de Creta, Mesopotâmia e também do Egito. Magicamente, os grifos estão associados à força e à conexão entre a vida e a morte. Na *Divina Comédia*, de Dante Alighieri, um grifo conduz uma procissão rumo ao paraíso.

Os *garuda*, também conhecidos como "grifos indianos", são do tamanho de lobos e têm penas pretas e um peito vermelho vibrante e emplumado. Da mesma forma, o *hipogrifo* é um grifo com torso de cavalo e patas traseiras. Esta criatura surgiu pela primeira vez no Renascimento e foi inspirada pelas *Éclogas* de Virgílio. Talvez o hipogrifo literário mais famoso seja o *Buckbeak*, da série *Harry Potter*, que luta bravamente contra as forças do mal.

O *Pegasus* é um magnífico cavalo alado da mitologia grega. Ele é a personificação de um vento particularmente rápido e está associado a Zeus e às tempestades. Pensa-se que Pégaso, o primeiro cavalo alado, surgiu do sangue da Medusa. Belerofonte, um mortal grego, conseguiu domar Pégaso quando lhe foi dado um freio de ouro da Deusa Athena. No entanto, em uma história semelhante à de Ícaro e as asas de cera, quando Belerofonte tentou voar em Pégaso até o Monte Olimpo para se tornar um Deus, foi jogado de costas em direção à morte. Pegasus mora em um estábulo no Monte Olimpo entre os outros cavalos de Zeus. Ele tem permissão para trazer trovões e relâmpagos sempre que Zeus desejar. A espécie de Pegasus com chifres era nativa da Etiópia.

Perítios são criaturas com a metade dianteira de um cervo e as asas, patas traseiras e cauda de um grande pássaro. Eles são inimigos mortais das pessoas e irão combatê-las até a morte sem hesitação. Originalmente da Atlântida, eles sobreviveram ao terremoto destruidor voando.

E, claro, quem poderia esquecer os "macacos voadores" de *O Mágico de Oz*? Embora obedecessem às ordens de uma Bruxa perversa que também podia voar, eles tinham uma moralidade cinzenta. Quando estavam livres da Bruxa do Oeste, eles não atrapalhavam mais os protagonistas. Outros híbridos de animais voadores incluem touros alados vistos na arte persa, que remonta pelo menos ao século 8 AEC, e leões com asas, que são frequentemente encontrados na arte medieval.

Animais Voadore sem Asas

Os mitos nórdicos são ricos em animais que podem voar, embora não tenham asas. Os gigantes conhecidos como "Dia e Noite" andam em carruagens puxadas por cavalos sem asas pelo céu e são perseguidos por lobos voadores. O Deus nórdico Odin monta um cavalo sem asas de oito patas chamado *Sleipnir*, que voa pelo céu e viaja para o Submundo. Ele monta este cavalo enquanto lidera a "Caça Selvagem", a brigada medonha de espíritos que montam cavalos e outras feras enquanto voam em busca de suas presas. Na nódica *Edda em Prosa*, um cavalo voador sem asas chamado *Hófvarpnir* é mencionado brevemente. Até a carruagem celeste de Thor é puxada por um par de cabras sem asas. O primeiro mito registrado das renas voadoras sem asas remonta aos poemas de Natal da década de 1820. Desde então, a lenda das renas que voam com poderes mágicos se espalhou, especialmente durante a temporada de férias de inverno.

Seres Míticos

Sílfos

Assim como existem espíritos ninfas que residem em florestas, riachos, oceanos, vulcões e outros locais naturais, existem espíritos do elemento Ar que às vezes são chamados de "silfos". Esses elementais ou espíritos do Ar são seres simples, pequenos, selvagens e infantis. Como uma representação pura do elemento Ar, as sílfides, a forma feminina desses seres, voam na brisa e dançam nas tempestades de areia. Os silfos são responsáveis pelo farfalhar de folhas e galhos e também fazem as ervas daninhas correrem pelas planícies. Eles voam ao lado dos pássaros e surfam nas ondas, levantando espuma e respingos enquanto avançam. Quando o vento está parado, as sílfides estão descansando e aproveitando a fartura da terra. Elas esperam ser inspiradas novamente e, uma vez que o são, levantam voo.

Os silfos têm a capacidade de influenciar o clima. Eles podem ser chamados para agitar um vento suave e podem viajar através de sólidos e líquidos para chegar a qualquer destino. Eles se alimentam de fumaça de incenso e dançam nas espirais. Esses seres adoram música, é provável que você já tenha ouvido uma sílfide caso já tenha ouvido uma voz fraca do nada ou uma música ao vento de uma fonte desconhecida.

Paracelso, o alquimista da Renascença, foi o primeiro a usar a palavra sílfide para um elemental do Ar. Ele dizia que as sílfides eram belas criaturas humanoides e, de todos os elementais, eram as mais próximas dos humanos, porque, como nós, elas também precisam de Ar. Outros magistas postularam que os silfos podiam concentrar o Ar para criar um corpo.

Os silfos geralmente são seres benéficos que auxiliam nas práticas e rituais de Magia leve. Devido à sua estatura e natureza limitadas, eles não estão equipados para grandes trabalhos de Magia. Como os silfos têm todas as qualidades do Ar, eles são úteis para invocar a Magia que envolve comunicação, inspiração, criatividade, imaginação e expansão. Eles também podem ajudá-lo a entrar em um estado mental mágico.

Seres Feéricos e Fadas

Os seres feéricos, tanto quanto as fadas, são um coletivo de entidades do Ar com histórias renomadas em todo o mundo. Fadas são sinônimos de Magia, feitiçaria e encantamento e dizem que elas existem no reino mágico do Ar. As fadas foram até descritas como corpos feitos de ar congelado. Algumas são devastadoramente bonitas. Existem todos os tipos e tamanhos de fadas, desde o tamanho de um humano até apenas alguns centímetros de altura. Embora algumas fadas se pareçam com humanos, elas têm uma expectativa de vida muito mais longa e não têm emoções humanas.

Muitos contos de fadas se originaram há vários milhares de anos. Em algumas dessas histórias, as fadas auxiliam uma boa personagem que se encontra em dificuldades indevidas. Um bom exemplo disso é a história da *Cinderela*. Na versão de 1697, de Perrault, uma fada madrinha usa glamour para permitir que Cinderela apareça como uma princesa e vá ao baile real. Com a ajuda das fadas, ela conquista o coração do príncipe.

No entanto, as fadas também são conhecidas por pregar peças e serem maliciosas. Uma das histórias mais conhecidas disso é a lenda do *changeling* (lenda da criança trocada). Era uma crença comum em muitas áreas do mundo que as fadas trocariam bebês humanos desacompanhados por outros feéricos que choravam o tempo todo e eram muito diferentes das crianças humanas.

Devido a essa natureza dual, muitas pessoas acreditavam que havia dois tipos diferentes desses seres – os *seelies*, ou "os bons", e os *unseelies*, ou "os maliciosos". Embora ambos pudessem pregar peças nas pessoas, os *seelie* eram muito menos prejudiciais.

Magicamente, as fadas estão associadas ao Outromundo e ao Submundo, à criatividade, à luz, ao encantamento, ao glamour e à imaginação. Agricultura, presságios, animais, transformação, vida, morte e manifestação também correspondem a esses seres. No entanto, as fadas são um grupo diversificado de espíritos, muitos dos quais são específicos de certas regiões ou possuem habilidades especiais. Antes de trabalhar com elas magicamente, faça uma pesquisa para conhecer suas qualidades. Por exemplo, muitas não virão se forem convocadas e podem se ofender com tais comandos. Pesquise aquelas que mais lhe interessam para garantir que sejam compatíveis com você e com sua Magia.

Valquírias

Valquírias são os espíritos serviçais de Odin, que voam sobre os campos de batalha e cavalgam ao lado de grandes guerreiros. A palavra *valquíria* é derivada de uma combinação de antigas palavras nórdicas "escolher" e "morte em batalha". Um de seus papéis é julgar e escolher quem morrerá na batalha.

Às vezes, as Valquírias são retratadas com grandes asas. Outras vezes são como mulheres guerreiras cavalgando. Elas geralmente são mostradas com lanças, capacetes e armaduras, especialmente quando lutam em batalhas para proteger aqueles que amam. Após a morte de um guerreiro, as Valquírias garantem uma viagem segura para a vida após a morte, voando ao lado da alma até chegarem ao seu destino final. Elas também servem cerveja e hidromel em Valhalla.

Locais Míticos

Monte Olímpo

Quando os Deuses do Olimpo não estão na Terra ou no Submundo, eles vivem no reino nublado do Monte Olimpo. Embora o Monte Olimpo exista de fato como a montanha mais alta da Grécia, acredita-se que o lar dos Deuses esteja muito acima da Terra. É um lugar sublime, sem vento, chuva ou neve. Os sons da lira de Apollo ecoam por seus salões e os Deuses se banqueteiam com ambrosia e néctar.

Castelo no Céu

Na Bruxaria Tradicional, quando algumas Bruxas invocam o elemento Ar, elas invocam um castelo no Céu. Este castelo é o lar de Tettans, o Deus celta da proteção e da caça.

Asgard, Alfheim e Nifelheim

Na mitologia nórdica, três dos nove mundos mitológicos existem no Ar. Asgard é a morada dos Deuses. Ele existe no Céu, e Odin e Frigg o governam. Dentro de Asgard está o magnífico *Valhalla*, o mundo da vida após a morte para os guerreiros caídos. Asgard também contém um lugar conhecido como *Gimlé*, o local mais bonito que foi reservado apenas para as melhores pessoas que sobreviverão ao fim do mundo. Ao lado de Asgard está *Alfheim*, o mundo dos elfos da luz, que são belos seres de boa índole. Esses elfos também vivem em dois outros reinos dos céus que foram abandonados por seus habitantes originais. *Niflheim* é outro mundo arejado de névoa e neblina, e é o lar de um dragão chamado *Nidhug*.

Shamballa

Escondido nas montanhas do Himalaia está o reino mítico de *Shamballa*. Um lugar de paz, amor, juventude eterna e saúde vibrante, mencionado em vários textos antigos por toda a região. Seu mito remonta a milhares de anos.

Terra dos Gigantes

Na antiga história de João e o Pé de Feijão, um menino recebe feijões mágicos, que são jogados fora por sua mãe. Durante a noite, eles crescem em proporções enormes. João escala os pés de feijão gigantes para um mundo acima, onde os gigantes habitam em uma terra de fartura.

Reino das Fadas

O reino das Fadas é um plano de existência paralelo ao nosso. Neste mundo vive uma multidão de espíritos chamados de *feéricos*. Muitas pessoas entraram neste reino procurando por uma música encantadora ou seguindo uma fada até ele. O ponto de entrada também pode ser através do tronco de uma velha árvore (geralmente um carvalho) ou um anel de fada (um círculo feito de cogumelos). Algumas das pessoas que entram nunca mais são vistas e outras voltam apenas para descobrir que muito tempo se passou. Assim como no Submundo, é prudente não consumir nenhuma comida ou bebida por lá– aqueles que o fazem permanecem no reino por toda a eternidade.

Mundo Superior

O Mundo Superior é um reino mítico acima do nosso em energia e está imbuído de sentimentos de felicidade. A cura mental e espiritual pode ocorrer aqui. É o lar de muitos espíritos.

Reino dos Céus

Os antigos celtas acreditavam que o Céu era um vasto mundo onde suas divindades residiam em belas cidades. A Torre Giratória dos Céus, ou *Caer Sidi*, é a residência de um Deus corvo chamado "Bran". O Reino do Céu também era o lar de pássaros mágicos, como os corvos e as gralhas de Morrighan.

Voem, Meus Preciosos!

Embora este capítulo cubra vários mitos, muitas vezes há um fundo de verdade em cada história. Por exemplo, arqueólogos da Nova Zelândia encontraram recentemente evidências de um enorme pássaro que existiu mil anos atrás, o que confirmaria a lenda maori da águia gigante. Da mesma forma, muitos praticantes de Magia trabalham com sílfides e as pessoas continuam encontrando fadas e a entrando e saindo de seu reino até hoje. Quer você se depare ou não com esses seres e lugares, eles exercem uma influência poderosa sobre a imaginação e o espírito. Use-os como inspiração para promover sua afinidade com o elemento mágico do Ar.

but
Since
revolutions from
when

Capítulo 3

O AR E O DIVINO

AS DIVINDADES DO ELEMENTO Ar podem atuar como mostradores do caminho, especialmente em sua Magia do Ar. Essas divindades fornecem energia diferenciada e assistência em direção aos seus objetivos. Quase todas as civilizações históricas tinham Deuses que governavam o vento, o ar, as tempestades e os céus. Muitos desses Deuses são creditados com a criação do Universo, da Terra e da vida humana. Às vezes, esses Deuses eram os governantes máximos de seu panteão e tinham mais poder e autoridade do que a maioria dos outros juntos. Eles incorporavam claramente os aspectos físicos e espirituais do elemento Ar. Este capítulo também inclui Deuses com as qualidades pessoais do elemento Ar, incluindo aqueles que regem a comunicação, inteligência, sabedoria, justiça, verdade e muito mais.

AMAUNET: Deusa mãe egípcia do vento invisível – uma força cósmica da natureza. Do nada escuro, ela criou um vento tão forte, que o Universo e o tempo nasceram. Foi ela que deu vida ao mundo, criando plantas, animais e a humanidade. Os governantes egípcios pediram a Amaunet que lhes desse sabedoria e bom governo. Um de seus animais é o falcão.

AMON: Deus egípcio do Sol e do Ar. Em períodos posteriores, também é creditada a ele a criação do mundo, ao lado de Amaunet. Juntos, eles protegem e regulam o acesso à sabedoria divina.

AN: também conhecido como Anu, é um Deus sumério do firmamento e dos céus. Ele é o rei dos Deuses e governa seu panteão.

Apollo: Deus grego da música, da profecia, do conhecimento, da razão e da poesia.

Ara Tiotio: Deus maori dos tornados, controlador dos ventos destrutivos e dos redemoinhos.

Astarte: Deusa cananeia do amor e da guerra, conhecida como a Rainha dos Céus. Sua oferenda favorita é o incenso.

Athena: Deusa grega da sabedoria, da razão, das artes, dos ofícios e da agricultura. Seu nome significa "ar" e "mente" da divindade. Athena costuma falar com as pessoas em suas visões e sonhos. Foi ela que inventou a flauta. A coruja é um de seus animais. Seu equivalente romano é Minerva.

Auset: Ísis para os gregos. Deusa-mãe egípcia conhecida como a "Rainha do Céu", retratada com asas de pássaro multicoloridas. A mais antiga dos antigos, a Deusa sábia de quem tudo surgiu. Au Set atua como conselheira e vidente e faz cumprir a lei e a justiça.

Ayida Wedo: Vodu espírito do céu, da fertilidade e das serpentes. Representada pelo arco-íris.

Baal Hadad: conhecido como Baalshamin, o Deus cananeu do trovão, raios, céu e ar. Baal é o rei de seu panteão.

Baal: Deus egípcio do trovão. Seus epítetos incluem Senhor dos Céus e Aquele que Monta as Nuvens.

Baba Yaga: Bruxa eslava que voa pelo ar em um almofariz e pilão. Associada à morte, Baba Yaga tem uma cabana empoleirada em pernas de galinha gigantes.

Befana: Bruxa italiana que voa em uma vassoura e entrega doces e presentes para as crianças logo após o início do ano.

BIEG-OLMAI: conhecido como BiekaGalles, Deus lapão que controla o vento e as tempestades. De sua caverna subterrânea, ele empurra os ventos para dentro e para fora, decidindo qual estação acontecerá e quando. Ajuda os marinheiros, especialmente quando estão perdidos ou em meio a tempestades. Frequentemente ele é apresentado em tambores feitos de couro de rena, alguns dos quais datam de 100 AEC.

BLODEUWEDD: Deusa galesa da primavera, flores e rebelião. Associada às corujas e à sabedoria.

BÓREAS: Deus grego do vento frio do Norte, aquele que traz o inverno.

BRIGID: Deusa celta dos Tuatha Dé Dannan, da linguagem, inspiração, da poesia, entre outras coisas.

CAILLEACH: Deusa gaélica do clima e do inverno, que criou montanhas e vales. Retratada como uma Bruxa com poderes mágicos.

CARDEA: antiga Deusa romana, às vezes chamada de Deusa Branca. Cardea comanda os quatro ventos e vive no eixo de onde eles se originam. Ela é a Deusa das dobradiças e pode abrir portas que estão fechadas e fechar portas que estão abertas. Cardea também abre caminhos para forças invisíveis, mistérios e Magia.

CELO: Deus romano do céu, equivalente do Deus grego Urano.

Cerridwen: Deusa celta da inteligência, inspiração, conhecimento e renascimento.

DOGODA: Deus polonês do vento e da compaixão.

EHECATL : Deus asteca das forças invisíveis e incognoscíveis do amor e da paixão. Seu nome pode ser traduzido como "quatro ventos", ou "os ventos das quatro direções cardeais". Ehecatl é uma das faces de Quetzalcoatl, o Deus da serpente emplumada.

ENLIL: Deus sumério do ar, da respiração e do vento. Conhecido como Lord Air.

ÉOLO: Deus grego do vento. O comandante dos quatro Deuses do vento direcional: Bóreas, Eurus, Notus e Zephyrus.

EUROS: Deus grego do vento Leste, portador do calor e da chuva.

FARELO: Divindade principal do celta Tuatha Dé Dannan. Um corvo que reside em uma torre de vigia chamada "Torre Giratória dos Céus", ou Caer Sidi, onde guarda o Caldeirão da Vida.

FENG PO PO: Deusa chinesa conhecida como "Madame Wind", a sábia Deusa anciã do ar, do vento e das tempestades. Retratada como uma velha que monta um tigre enquanto carrega um saco de vento, ela é responsável por todos os ventos do mundo, desde brisas calmas até tempestades terríveis. Através da interpretação dos ventos, acredita-se que se possa discernir seus sentimentos.

FLORA: Deusa romana da primavera e das flores.

FRIGG: Deusa nórdica da sabedoria e da previsão. Rainha de Asgard, uma feiticeira habilidosa que adivinha o futuro.

FUJIN: Deus japonês do ar e do vento. Conhecido como o "Príncipe da Longa Respiração".

GUABANCEX: Deusa caribenha das tempestades e dos furacões. Também chamada de "Senhora dos Ventos".

HERMES: mensageiro grego dos Deuses do Olimpo. Com asas que adornam suas sandálias, capacete e cajado, ele voa tão rápido quanto o pensamento. Considerado o mais inteligente e esperto de seu panteão, rotineiramente ele supera os outros Deuses simplesmente porque pode fazer isso. Hermes viaja com os espíritos dos mortos para o Submundo.

Diz-se que é um músico encantador e é creditado como o inventor da lira e da flauta de pastor. Mercúrio é seu equivalente romano.

HOLLE: Deusa europeia do céu, conhecida como Rainha das Bruxas, Rainha do Céu e Nossa Senhora. Holle é um metamorfo mágico que viaja pela Via Láctea em uma carroça. Frequentemente vista em redemoinhos e tempestades de neve, ela ajuda as mulheres que desejam ter filhos soprando espíritos em seus úteros.

HÓRUS: Deus egípcio do céu, representado com uma cabeça de falcão. Conhecido como "aquele que está muito acima", é um protetor e governante feroz.

HURACÁN: (também chamado de Hu-Rakan, é o Deus asteca/caribenho das tempestades, dos ventos violentos e dos furacões.

ILMARINEN: Deus finlandês e russo que criou o céu e muitas outras invenções. Ele pode invocar os quatro ventos.

INANNA: Deusa suméria frequentemente representada como uma mulher com asas e garras de pássaro. Ela preside os julgamentos de leis e as sentenças. Um de seus animais é a coruja. Mais tarde, ela se associou a Ishtar, uma Deusa acadiana semelhante.

ÍRIS: Deusa grega do arco-íris e mensageira dos Deuses do Olimpo. Esta Deusa alada tem a capacidade de viajar para longe com o vento. Considerada a contraparte feminina de Hermes.

JANO: Deus romano dos começos e fins. Jano tinha duas cabeças e podia ver o passado e o futuro ao mesmo tempo. É também o Deus do movimento, da mudança, das viagens, das portas, dos portões e do tempo.

Júpiter: equivalente romano do Deus grego Zeus. Júpiter é o Deus do céu e do trovão, o rei dos Deuses em seu panteão. Seus templos não tinham telhados, então o céu estava visível o tempo todo.

Kami-Shinatobe-no-Mikoto: Deusa japonesa do vento, com chifres e presas distintas.

Kami-Shinatsuhiko-no-Mikoto: Deus do vento japonês. Quando ele nasceu, sua respiração era tão forte que dispersou as nuvens pesadas que cobriam o mundo e deixou a luz do Sol entrar.

Kari: Deus Semang que criou o Universo com uma palavra. Governante da lei, do julgamento e do vento. Sua voz varia de trovão estrondoso até o vento pacífico através das folhas. Kari também é o nome do Deus nórdico do vento.

La'amaomao: Deusa havaiana do vento. Governante dos trinta e dois ventos que sopram sobre a ilha que ela guarda em uma cabaça oca.

Legba: Espírito Vodu haitiano associado à música, ao momento antes do amanhecer e à comunicação com os espíritos. Legba conhece todas as línguas e transmite mensagens aos Deuses e aos espíritos. Ele é o primeiro espírito honrado antes de qualquer cerimônia e reside na encruzilhada, um lugar simbólico de mudanças e começos.

Libertas: Deusa romana da liberdade. Historicamente retratada com um bastão e um boné. As representações modernas dela, como a Estátua da Liberdade, a retratam com uma tocha e um livro.

Lugh: Divindade solar celta associada ao céu. Um Deus da Magia e da poesia.

Mari: Deusa da criação basca espanhola. Mari vive em uma caverna na montanha e preside o clima. Conhecida como "a Velha da Montanha", às vezes é vista dirigindo uma carroça na frente da lua cheia. Quando ela cria uma tempestade, uma bênção está a caminho, mas somente se você atrair essa bênção. Um de seus animais é o corvo. Muitas vezes ela se transforma em um pássaro para se comunicar com as pessoas.

Mnemósine: Titã (grega) Deusa da memória.

NEITH: Divindade egípcia do céu. Neith criou o mundo com um tear. Todos os dias ela dá à luz o sol e governa as estratosferas superiores e o Universo. Neith é muitas vezes referida como uma Deusa, mas alguns mitos usam linguagem andrógina.

NINLIL: Deusa suméria do vento, dos grãos e da polinização.

NJORD: Deus nórdico do vento e do clima. Auxilia os marinheiros com rajadas e brisas.

NOTUS: Deus grego do vento quente do Sul, portador das tempestades.

NUT: Deusa egípcia da porção do céu mais próxima da terra. Protetora dos mortos, ela é frequentemente retratada como uma mulher curvada sobre a terra. Filha de Shu, o Deus do Ar.

OBATALÁ: Espírito supremo do Vodu haitiano. Divindade criadora andrógina, que governa os céus, a mente, o intelecto e o equilíbrio.

ODIN: também conhecido como Woden, é o Deus nórdico do ar e do céu. A respiração de Odin deu vida aos primeiros humanos. Considerado o mais sábio de todos os Deuses nórdicos, Odin passou essa sabedoria e poesia para a humanidade. Um de seus outros nomes é "Andarilho", pois ele viaja pelos muitos mundos. Ele também é um mestre da Magia e da inspiração. Odin tem dois corvos, cujos nomes significam "pensamento" e "memória". Ele se veste de azul celeste, monta um cavalo voador durante a Caçada Selvagem e reside no mundo da vida após a morte, Valhalla, com as almas dos guerreiros caídos.

OLORUM: Espírito divino Vodu conhecido como o governante dos céus. Foi ele que deu vida aos primeiros humanos.

Ouranos: Titã (grego) Deus do céu. Com Gaia, ele criou a Terra. Seu equivalente romano é Urano.

Oyá: Orixá do vento, do clima, da mudança e da Magia. É ela que guarda os cemitérios e o Submundo e carrega a espada da verdade.

Perséfone: Deusa grega da primavera, Rainha do Submundo. Quando viaja do Submundo para a Terra, as estações mudam para a primavera. As flores desabrocham, liberando seus aromas no ar.

Pheme: é a Deusa grega da fama. Seu nome se traduz em "falar". Pheme é personificada como uma Deusa alada com uma coroa de louros e uma trombeta. Ela auxilia as pessoas em sua busca por serem renomadas, promovendo a comunicação sobre elas. No entanto, era uma fofoqueira notória e fazia jus ao seu nome alternativo, "Boato". Embora sua influência pudesse ajudar alguém, a fofoca que ela repetia provavelmente poderia arruiná-los. Ela é uma mensageira de Zeus.

Quetzalcoatl: Deus da serpente emplumada da América Central, do vento e da chuva. Ele criou o mundo e os livros. Conhecido por sua inteligência e sabedoria.

Rajin: Deus japonês do trovão.

Seshat: Deusa egípcia da escrita e dos livros. Também trabalha com os mortos.

Shu: Deus egípcio do ar e da respiração vital, ou espírito.

Stribog: Deus eslavo dos ventos, do céu e do ar.

Têmis: Titã (grega) Deusa da justiça, da lei e do direito divino. Têmis segura uma espada e uma balança para pesar as ações da humanidade. Sua venda representa o conceito de que todas as pessoas são iguais, pois ela não vê riqueza, classe ou raça. Com sua espada, ela distribui justiça para aqueles que a merecem, cortando alguns para compensar outros

e cortando a vida quando for preciso. Themis sentou-se no trono de

Zeus, ao lado dele. Hoje, ela é representada em muitos tribunais. Seu equivalente romano é a Justiça.

THOR: Deus do trovão nórdico. Um cobrador de justiça, derrubando pessoas más e defendendo as boas em seus momentos de necessidade. Quando Thor bate seu martelo em um inimigo, o trovão ruge e o relâmpago brilha. Ele é o mais forte dos Deuses nórdicos e é capaz de destruir montanhas. Thor viaja pelo céu em uma carruagem puxada por cabras.

THOTH: Deus egípcio da magia, sabedoria, escrita, lei e música. Às vezes retratado com uma cabeça de íbis. Thoth escreveu todos os textos divinos, incluindo o Livro dos Mortos.

TYR: Deus nórdico da justiça e aplicador da lei.

VEJOPATIS: Deus lituano do vento. Também conhecido como o "Mestre do Paraíso".

ZÉFIRO: Deus grego do suave vento Oeste.

ZEUS: Deus grego cujos títulos incluem "Senhor dos Céus", "Coletor de Nuvens" e "Portador de Raios". Zeus é o pai das divindades olímpicas, sua força é considerada maior do que o poder combinado de todos os outros Deuses e Deusas gregos. Seu animal é a águia e ele também se transforma em cisne. Embora Zeus seja conhecido por seus muitos encontros amorosos, algumas dessas histórias podem ter sido adições posteriores ao seu mito.

Ritual para Proteção com os Guardiões do Elemento Ar

Os Guardiões Elementais do Ar não são considerados Deuses, mas são muito próximos deles, muito mais poderosos do que a maioria dos espíritos. Existem vários nomes para os governantes ou para as classes de realeza do elemento Ar, incluindo os Guardiões, os Vigilantes, os Guardiões da Torre de Vigia, os Governantes e Paralda. Eles também são considerados anjos, daemons e espíritos iluminados dos mortos que escolheram não reencarnar e que, em vez disso, escolheram trabalhar com os humanos e seus desejos. Podem ser visíveis em suas formas astrais ou energéticas como algo em forma humana. Seja o que for, eles são de uma energia poderosa, sábia, primordial, eterna e pura. Os praticantes de Magia frequentemente os invocam ao lançar um Círculo, por sua energia benevolente e protetora.

Invocar os Guardiões Elementais do Ar é uma parte importante de muitos rituais mágicos. Muitos Círculos começam com alguém invocando-os e continuam seguindo com os outros elementos no sentido horário. Da mesma forma, quando é hora de liberar os elementos, o processo retrocede da maneira como foi criado, o que significa que os Guardiões Elementais do Ar são os últimos a sair.

Existem algumas razões pelas quais os Guardiões Elementais do Ar são os primeiros a chegar e os últimos a deixar os Círculos Mágicos. Como espíritos do Ar, eles são os iniciadores de novos começos, ativam o Círculo e sua Magia e facilitam a conexão com outros espíritos, incluindo os outros Guardiões Elementais, nossos amados ancestrais e nossas divindades. São eles que dão mais graça às nossas línguas para que possamos nos comunicar com maior facilidade. O Guardiões nos inspiram a falar as palavras certas que irão recriar o mundo enquanto as falamos. Quando liberamos nossa Magia no mundo, eles acessam o elemento mágico do Ar e os portais energéticos que conectam nossas palavras e visão ao resto do mundo. Eles também protegem os trabalhadores mágicos de danos.

Por todas essas razões, os Guardiões Elementais do Ar atuam como guias iniciadores de muita Magia, ajudando a moldá-la com as intenções e espíritos corretos. Sua capacidade de invocá-los dá o tom para os aspectos aéreos do ritual e também para muitos outros aspectos. Começar com uma convocação forte e fortalecida garante maior sucesso geral para sua Magia.

No entanto, não é necessário um grande ritual para invocá-los. Invoque-os para pequenas necessidades mágicas ou sempre que precisar de sua ajuda. Eles são grandes aliados quando requer proteção, especialmente contra espíritos que podem ter entrado de carona em sua casa em um objeto bem-intencionado. Como os Guardiões Elementais do Ar são seres de imenso poder, eles sempre virão para ajudá-lo.

Para invocar os Guardiões Elementais do Ar para proteção, vire-se para o Leste ou outra direção que você associe ao Ar, ou simplesmente olhe para o céu. Limpe sua mente e respire fundo. Concentre-se nas qualidades pessoais, mágicas e físicas do Ar. Deixe sua mente ficar clara e sinta a energia de várias correspondências deste elemento. Sinta a leveza da energia mágica do ar, do vento e do vasto céu. Veja o ar como uma força arquetípica da natureza, como um elemento com mais espaço do que qualquer outro, como um espírito elemental e como uma vibração. Com respirações profundas, abra-se para a energia. Sinta seu corpo ficar mais leve conforme incorpora a vibração do ar. Alinhe seu corpo e seus chakras com a frequência.

Você não precisa falar alto para invocar os Guardiões Elementais do Ar; no entanto, como o Ar é o elemento da comunicação, convém usar o poder da palavra falada.

Guardiões do Elemento Ar,
Espíritos do Oriente,
eu invoco vocês para proteger meu Círculo Sagrado.
Empreste sua sabedoria, seu pensamento claro,
sua capacidade de discernir e decidir
e sua conexão com os reinos espirituais.
Guie minhas palavras e eleve minha Magia.
Guardiões do Ar, sejam bem-vindos!

Espere para sentir a presença deles antes de prosseguir. Você pode sentir um calafrio ou uma mudança sutil de energia ou uma presença na sala. Realize seus trabalhos mágicos. Quando seu trabalho terminar, libere-os.

Guardiões do Elemento Ar,
Espíritos do Oriente,
Agradeço por ajudar no meu trabalho mágico e por proteger meu Círculo Sagrado.
Agradeço por sua sabedoria, percepções e dons.
Até nos encontrarmos novamente, sigam em paz.

• • • • • •

A Evolução de Gênero do Ar

Elliot Director, PhD, é um pai gay obeso, Bruxo e vive com seu parceiro, seu filho e um gato no nordeste de Ohio. Elliot escreve e ensina sobre Bruxaria inclusiva de gênero, ética e antirracismo escreve como colaborador convidado no *Patheos* e em seu blog *Beyond Binary Witchcraft*.

A TRADIÇÃO DE quatro ou cinco elementos clássicos – incluindo o Ar – tem uma longa história, desde os cinco grandes elementos discutidos nos *Vedas,* aos quatro elementos da filosofia budista até a antiguidade grega, onde foram novamente identificados como Terra, Ar, Fogo e Água. Os gregos afirmaram correspondências elementais em relação à temperatura; os elementos associados ao calor eram os elementos Ar e Fogo. Percebidos como "ativos", ambos os elementos foram identificados como masculinos.

Mais tarde, no século 19 e início do século 20, os primeiros ocultistas da Ordem Hermética da Golden Dawn desenvolveram ou documentaram práticas e teorias abrangentes com relação à Magia, parte das quais incluíam esses ensinamentos de que o Ar e o Fogo eram os elementos másculos ou "masculinos", porque eram tanto ativos quanto projetivos (ao contrário da Água, por exemplo, que era vista como passiva e receptiva). Ocultistas posteriores, entre eles Gerald Gardner, confiaram em parte nesses ensinamentos para desenvolver suas próprias teorias sobre a relação entre gênero, elementos e Magia.

Essa ideologia binária se tornou arraigada nos fundamentos da Wicca e da Bruxaria.

Com o surgimento da Bruxaria Diânica e a presença cada vez mais pública de Bruxas e Wiccanianos LGBTQ nas décadas de 1970 e 1980, alguns começaram a desafiar a estrutura binária e altamente generificada que dominou a filosofia da Bruxaria estabelecida. No final dos anos 1990 e início dos anos 2000, as Bruxas começaram a desafiar abertamente a prática de atribuir gênero a tudo, desde seus Instrumentos e funções, até os próprios elementos. No final da década de 2010, uma onda de estudos, teologia e ativismo resultou em uma abordagem da Bruxaria que descentraliza um componente de gênero para os elementos. Tais abordagens criam espaço para que os praticantes vejam correlações entre múltiplos aspectos de gênero e os elementos, ou se afastem totalmente do pensamento sobre os elementos em relação a qualquer energia de gênero específica (junto a muitos outros aspectos da Bruxaria).

Hoje em dia, uma Bruxa ou um Pagão pode receber um vento quente de verão como uma bênção inerentemente feminina de uma Deusa mulher, ou invocar os poderes do Ar para obter sua bênção por escrito ou com criatividade, reconhecendo-os como experiências primordiais que são tanto ativas quanto passivas. Para muitos, o processo intelectual e criativo emerge não apenas da centelha quente e ativa da imaginação, mas também dos ventos frios e suaves da reflexão, ambos presentes inestimáveis que podem nos levar a pedir as bênçãos do Ar.

Elliot Director

• • • • • •

Jornada Meditativa ao Templo de uma Divindade do Ar

No fundo da nossa mentea, temos vastos universos e paisagens. Existem lugares selvagens como desertos, florestas e praias, bem como lugares familiares como sua casa de infância. Qualquer local em que você esteve ou se imaginou está contido em sua mente. Esses lugares arquetípicos representam fragmentos de nós mesmos em várias idades e níveis de consciência e podem ser visitados durante a meditação para cura e autorrealização. Essa jornada meditativa pode ser feita durante a leitura deste livro, ou pode ser gravada e reproduzida para si mesmo.

Comece aprofundando sua respiração. Encha seu diafragma com Ar e depois solte-o completamente. Inspire e continue suas respirações longas e profundas. Faça uma pausa entre as inspirações e expirações para prender a respiração por um momento. Vá em frente e deixe seus pensamentos irem embora. Sinta-se afundar em um belo estado mental de transe.

Pense em uma divindade do Ar que você gostaria de encontrar. Fale o nome dela em sua mente. Imagine o que ela parece ser para você. Lembre-se de seus símbolos e sinta sua energia. Lentamente, mude sua energia para ficar mais com a da sua divindade escolhida. Sinta a mudança e a transformação dentro de você enquanto muda suas células para a frequência dela.

Agora, imagine que você está parado em frente a uma árvore gigante e velha, que tem galhos que se elevam até as nuvens. O tronco é largo. Ao olhar para a casca, você percebe uma porta ali. Deixe a porta se abrir e dê alguns passos à frente até estar dentro do tronco da árvore. Instantaneamente, sinta-se elevado e flutuando, como se um elevador o transportasse para cima, cada vez mais alto. Conforme você flutua para cima, diga o nome da divindade novamente para si mesmo.

Logo acima de você, há uma abertura no porta-malas. Flutue mais alto, passe pela porta e saia. Você se encontra do lado de fora do Templo da divindade do Ar que você está chamando. Observe como é o solo. Veja como é o Templo. Sinta o clima, o vento, as cores, a hora do dia, os cheiros. Se parecer certo, entre no Templo. Olhe para as decorações internas e para o altar montado lá dentro. Observe as vistas desse local. Explore o templo e realmente sinta a energia e a presença da divindade ali.

Quando estiver pronto para se encontrar com a divindade, diga o nome dela em sua mente e peça-lhe que venha. Quando ela chegar, observe tudo. Diga-lhe o seu nome e porque a chamou. Você pode pedir uma bênção, pedir ajuda ou dar a ela uma oferenda, como um incenso, por exemplo, que pode ser aceso com sua imaginação. Pergunte se ela têm uma mensagem para você. Ouça o que ela diz. Se desejar, converse ou simplesmente comungue com a energia da divindade.

Na hora de partir, agradeça à divindade e ao lugar mágico e dê adeus. Volte para fora do templo e encontre o caminho para o tronco da árvore com a porta. Vá para dentro e sinta uma queda suave enquanto flutua de volta para baixo, para baixo, para baixo, até que seus pés toquem a terra. Permita que a porta do tronco da árvore se abra e saia.

Com uma inspiração aguda, chame seus pensamentos de volta para você. Estique e mexa os dedos das mãos e dos pés para ajudá-lo a retornar ao seu corpo. Você pode anotar seu encontro com a divindade e as características do Templo. Através da meditação, pode acessar este Templo do Ar e/ou divindade a qualquer momento. Se sua experiência foi boa, considere visitá-los regularmente para aprender com eles e receber seus conselhos.

Ó, Poderosas Divindades do Ar!

Quer as divindades do Ar governem o vento, as tempestades a justiça, o pensamento, quer governem a criação, o céu, elas exemplificam os poderes divinos do Ar. Seus mitos maravilhosos nos inspiram a encontrá-las por todo o mundo. Se você puder encontrar essas divindades em seu habitat natural, como faziam os antigos Pagãos, estará mais próximo delas e de suas presenças benéficas. Da próxima vez que sentir uma brisa roçar sua pele, uma inspiração fluir através de você ou um senso de justiça internamente, pergunte-se se não é uma dessas divindades. Nesses casos, considere trabalhar com elas com mais frequência para obter suas percepções e sabedoria.

but
Since
revolutions from
when $\theta =$

Capítulo 4

LOCAIS SAGRADOS DO AR

EXISTEM DIVERSOS LUGARES NO MUNDO que são sagrados para o elemento Ar. Em alguns desses locais, os véus podem ser mais finos e o Ar pode estar carregado de espíritos. Em outros lugares, nossas conexões pessoais com o elemento Ar serão destacadas. Esta lista de locais sagrados do Ar inclui lugares tangíveis e intangíveis – tudo, desde cadeias de montanhas até locais de descanso dos mortos e santuários em sua sala de estar. Quando celebramos as influências que esses locais têm sobre nós, recorremos mais facilmente aos magníficos poderes do Ar sempre que desejamos.

Locais de Poder do Ar

Às vezes, quando chego em determinado lugar, posso sentir ali uma forte energia do Ar. É como se um vento mágico soprasse e agitasse minha alma. Mesmo que essa sensação venha do vento, de deliciosos aromas ou de um cenário espiritual, não há dúvida de que esses lugares são especiais. Muitos desses locais sagrados do elemento Ar são liminares, ou seja, estão entre dois ou mais lugares diferentes, como a praia. Outros destacam os aspectos Pessoais do Ar, como as universidades.

Esta lista contém alguns dos locais mais aéreos dentro e fora deste mundo. Ao ler sobre esses locais sagrados, pare um momento para se imaginar lá. Sinta a energia e os pontos fortes do elemento Ar. Canalize seus poderes dentro de você e imagine como poderá usá-los na próxima vez que visitar esses lugares.

Esses locais são muito diferentes uns dos outros, mas todos têm uma coisa em comum: poder do Ar em abundância. Quando precisar de mais energia do Ar em sua vida, use-a a seu favor. Planeje uma viagem para visitar um deles. Ao chegar, reserve um momento para sentir a energia do Ar ali e honrá-la. Pergunte a si mesmo quais aspectos do Ar esses lugares despertam dentro de você – o pessoal, o espiritual ou o físico? Ou talvez uma combinação? Aproveite a abundante energia do ar, abrindo-se para a mudança da maneira que você mais deseja e inspire as energias benéficas do Ar.

O Céu

É fácil olhar para o vasto céu e sentir admiração pela cena quase ilimitada que se estende de uma extremidade à outra da visibilidade. A enormidade do céu está relacionada aos poderes expansivos e edificantes do Ar – o mero ato de olhar para cima faz com que algumas pessoas se sintam mais positivas.

Outro aspecto aéreo do céu é a mudança – isso é mais evidente no clima, que tende a mudar de um momento para o outro. O céu também carrega os poderes de comunicação. É o meio perfeito pelo qual as mensagens trafegam, seja uma palavra falada, um e-mail ou sua magia. A viagem também acontece no céu, seja no voo de um pássaro, seja no voo de um avião. Por fim, o elevado poder do Ar é demonstrado pelas grandes e inalcançáveis alturas dos céus.

Com todos esses imensos poderes do Ar, não é de se admirar que o céu esteja conectado com a espiritualidade e as divindades. Existem incontáveis divindades nos céus, que também é o lar de muitos Deuses. Na verdade, há tantas divindades que chamam o céu de lar que muitas vezes ele é venerado como "os céus".

Lugares Elevados

Montanhas e colinas estão mais próximas do céu do que da terra que as cerca – portanto, estão associadas aos poderes do ar, do céu e da terra. Esses lugares liminares são altamente espiritualizados e frequentemente muito ventosos também. Pessoas que trabalham com divindades do vento e do ar tendem a se beneficiar das práticas nesses lugares. No entanto, todos os tipos de divindades estão associados a locais elevados.

O povo cananeu ergueu Templos no topo das colinas para Astarte, a Deusa conhecida como "a Rainha dos Céus". Altos pilares foram acrescentados aos seus Templos, o que elevou ainda mais a sua divindade. Da mesma forma, os templos de Athena e Nike em Atenas também têm uma adoração elevada. Eles estão localizados no ponto mais alto da cidade em um afloramento rochoso conhecido como "Acrópole". O Templo de Apollo e o Oráculo de Delfos também estavam situados no alto das encostas do Monte Parnaso. Outros lugares Pagãos elevados incluem o Templo de Marte, nas montanhas de Montmartre e, claro, o Monte Olimpo, a casa dos Deuses gregos.

Outra conexão entre montanhas, divindades e espíritos é o fato de algumas Bruxas os usarem como pontos de encontro astral para os Sabbats. Eles se reúnem na lua cheia, em forma espectral, junto a outros espíritos e divindades. As Bruxas podem ter preferido esses locais remotos devido à sua liminaridade, inacessibilidade de outras pessoas e também como um ponto de referência fácil.

Estrturas Feitas Pelo Homem

A enorme altura das torres, os arranha-céus, o moinhos de vento e as estátuas que se elevam no ar podem ser de tirar o fôlego. Tudo isso demonstra o caráter elevado do elemento Ar. Muitos deles são zênites de poderes mentais, como lógica e razão também, especialmente considerando quanto pensamento, planejamento e cálculo foram necessários para construí-los. Alguns nesta lista também são de natureza espiritual.

Um dos exemplos surpreendentes desta categoria é a estátua russa *The Motherland Calls* (Monumento Mãe Pátria). Imagine uma estátua de 85 metros de uma mulher em vestes gregas, segurando uma espada no Ar e estendendo outro braço atrás dela. Sua boca está aberta como se ela tivesse muito a comunicar. Esta estátua serve como um memorial para os mortos – sob seus pés jazem os restos mortais de quase 35 mil soldados soviéticos não identificados.

Algumas das melhores estruturas permitem subir suas escadas ou pegar um elevador para ficar mais perto do céu. Se você nunca visitou um arranha-céu, uma torre de vigia ou mesmo uma torre de pradaria em um andar alto e contemplou a paisagem abaixo, eu o encorajo a fazê-lo. Para muitas pessoas, a sensação de elevação e objetividade abaixo é bastante inebriante. Outros lugares para fazer isso incluem as pirâmides da América Central, a Torre Eiffel, o St. Louis Gateway Arch, o Seattle Space Needle, a Torre de Pisa, Machu Picchu, as Pirâmides Egípcias ou a Estátua da Liberdade, construída tendo como base a Deusa romana Libertas.

Lugares Ventosos

Existem várias partes do mundo onde o vento sopra com mais frequência. Lugares ventosos representam as qualidades de movimento, mudança e ação do ar. Para pegar uma boa brisa, visite uma praia ou um grande lago – o vento é gerado nesses locais quando a energia é transferida entre a água e a terra. Outros lugares ventosos incluem colinas e montanhas, como já mencionado, e a área entre 5 e 30 graus de latitude Norte e Sul, onde sopram os ventos alísios.

Escolas, Colégios, Universidades e Bibliotecas

As áreas de ensino superior refletem os aspectos mentais do elemento Ar. Há muito aprendizado, inteligência, comunicação, discernimento e lógica nesses locais. Pode até haver criatividade e espiritualidade, dependendo das edificações e seus usos.

Tribunais

Os lugares da lei evocam os aspectos de comunicação, discernimento e julgamento do Ar. Os princípios de argumentos lógicos, justiça e lei também são fortalecidos. Muitos tribunais contêm imagens ou estátuas da Deusa Justiça/Themis, que muitas vezes é retratada com uma venda nos olhos e segurando uma espada e uma balança.

Salas de concerto e locais de música

Os espaços de performance musical são considerados locais relacionados a este elemento devido à forma como o som e a música reverberam no ar. Se esses lugares foram criados pensando na acústica, os sons do palco podem ser transmitidos até a última fileira da plateia. Esses locais incorporam os aspectos criativos, lógicos e imaginativos do elemento Ar.

Aeroportos

Há tantas mudanças, movimentos e viagens nos aeroportos que eles ficam imersos na energia do Ar. Os voos lançam as pessoas para o alto, mesmo que seja por um curto período de tempo. Os aeroportos destacam as energias elevadas, itinerantes e mutáveis do Ar. Uma viagem de avião pode ser um local maravilhoso para praticar alguma Magia sutil do Ar, especialmente se você tiver um assento na janela para observar as nuvens e a terra lá embaixo.

Centros Espirituais

Locais espirituais como templos, igrejas, bosques sagrados e mesquitas estão conectados com o elemento Ar devido à sua conexão divina. Aqueles que têm campanários e pináculos que se elevam alto no céu têm a correspondência elevada deste elemento e podem ter Magia do Ar adicional se usarem flores, incenso, sinos ou música em suas cerimônias.

Centros de Ioga e Meditação

Nos centros de ioga e meditação, há um grande foco na respiração. Os melhores centros de ioga incentivam a conexão da respiração com os movimentos do corpo, que é o significado da palavra hindu *yoga*. Essa respiração meditativa conecta o espírito e a mente, o que possibilita maior senso de objetividade e sensação de liberdade. Se espiritualidade, incenso e algum som ou música forem incorporados em suas práticas, o nível de energia do Ar aumenta.

Os Locais de Descanso dos Mortos

Onde quer que os falecidos sejam venerados, a faceta espiritual do elemento Ar está presente. Os locais de descanso dos mortos incluem cemitérios, valas, criptas, mausoléus, tumbas, nichos, columbários e santuários. Muitos desses locais foram construídos em terrenos mais altos, o que também acrescenta o aspecto de elevação do Ar. Locais elevados foram escolhidos, porque esses lugares são menos propensos a inundações em comparação com vales e também devido à antiga associação de ambientes altos com espíritos, o céu e as divindades. Um exemplo é o túmulo Neolítico em Newgrange, na Irlanda, que tem 35 metros de altura.

Entre os locais de descanso dos mortos mais famosos, ainda que subterrâneos, estão as Catacumbas de Paris. Nestes túneis e salas, existem inúmeras formações artísticas de ossos e crânios humanos.

O Reino Elemental do Ar

Este plano elemental é onde residem os espíritos e onde podemos voar astralmente pelo Ar. Este espaço sagrado se sobrepõe ao nosso de várias maneiras, mas não é limitado pela física do nosso mundo. O véu que separa nosso mundo do reino elemental do Ar é mais fino em alguns lugares, como em antigos círculos de pedra. Da mesma forma, durante certos momentos, como no Samhain e no Beltane, o véu se torna mais fino para todos ao redor do mundo. O reino elemental do Ar também pode ser onde os Deuses residem, ou eles podem viver em um reino logo além dele. Este reino demonstra o aspecto espiritual do Ar, bem como o poder do pensamento.

Círculos Mágicos

Sempre que lançamos um Círculo Mágico, criamos um espaço espiritual entre os mundos que nunca existiu antes. Nesses locais liminares, tornamo-nos intensamente conectados com o elemento mágico do Ar. Nossos pensamentos e palavras têm muito mais poder ali do que em qualquer outro lugar. Os espíritos que convidamos para nossos Círculos ouvem as palavras que falamos e nos ajudam a comunicar nossos desejos por toda parte. Também podemos usar o reino elemental do Ar para transmitir nossos pensamentos e desejos ao mundo sem qualquer ajuda dos espíritos.

Além do aspecto espiritual, existem muitos outros poderes do Ar nos Círculos Mágicos. É onde criamos mudanças em nossa vida. Instrumentos do elemento Ar são frequentemente usados lá, principalmente para lançar esses Círculos, como o Athame e o Bastão, embora espíritos também possam ser usados. Os Círculos também são um dos melhores lugares para praticar artes visionárias e divinatórias.

Santuários e Altares do Ar

Uma ótima maneira de se conectar com o elemento Ar com mais frequência é criar lugares para ele em sua casa ou quintal, que podem assumir muitas formas, cada uma com seus próprios aspectos e benéficos. Configure seu Santuário do elemento Ar ou seu altar em qualquer direção que faça mais sentido para sua prática. Certifique-se de usar itens de associação com o Ar para despertar a Magia dentro de você.

Santuário do Ar

Uma das melhores maneiras de se conectar com o elemento Ar é montar um Santuário deste elemento. De modo geral, um Santuário é qualquer espaço espiritual associado a uma divindade, um espírito, seus ancestrais ou vários espíritos ou Deuses. Pode ser de qualquer tamanho, desde uma pequena caixa até um espaço dentro de uma sala ou um cômodo inteiro. Pense nesses locais como lares para a energia, a divindade ou o espírito. Os Santuários costumam ser decorados com arte, seja ela uma representação como uma estátua de Buda em um local de meditação; seja um símbolo, como uma chave para Hécate. Outros objetos que evocam a essência do espírito, como fotografias ou relíquias de família, também podem ser colocados ali.

Os Santuários costumam ser chamados de "altares", mas são diferentes. Santuários são mais como lugares de sensação mágica onde se comunga com energia. Já um altar é um lugar onde seu trabalho mágico acontece. As atividades comuns nos Santuários incluem práticas devocionais, meditação, oração e comunhão. Você pode fazer oferendas na forma de flores, comida ou incenso.

Montar um Santuário do Ar é uma ótima maneira de entrar em contato com este elemento e pode ser tão complicado ou simples quanto você desejar. Se preferir uma abordagem minimalista, use apenas uma ou duas representações, como uma aquarela amarela ou um móbile. Um benefício desses Santuários simples é que a arte é uma coisa normal de se ter à vista. Isso é bom se estranhos o visitar com frequência ou se você compartilhar um espaço com outras pessoas.

Claro, o caminho oposto pode ser feito e muitos objetos podem ser usados. Meu Santuário de Ar consiste nas duas prateleiras superiores de uma estante com obras de arte de corujas e da Deusa Athena, um vaso com penas, incenso, um incensário, velas brancas e azuis, sinos, asas de borboleta e óleos essenciais. Também mantenho cristais transparentes de quartzo, apofilita, ametista e moldavita. Todas essas coisas representam como o Ar é para mim.

Considere a possibilidade de colocar seu Santuário ao Ar livre. Isso seria especialmente adequado se for dedicado a uma divindade do clima ou do vento, aos espíritos do Ar ou às fadas. Pendure itens à prova de intempéries, como sinos, fitas e estatuetas no Ar para torná-lo especial.

Outra alternativa é um Santuário de janela para o elemento Ar. Anexe fitas, sinos, figuras de vitrais, estatuetas, prismas e outras decorações da haste da cortina para criar uma sensação leve e arejada. Use uma cortina semitransparente para poder ver a luz do Sol ou o luar através dela. Esse tipo de Santuário é especialmente agradável em janelas voltadas para a direção que você associa ao Ar.

O Ar Representado sobre o Altar Principal

Seu altar principal é o local para seus trabalhos mágicos primários. Muitas vezes ele é decorado para determinada estação, feriado ou um ritual específico. O altar-mor também contém os Instrumentos Mágicos usados na maioria dos rituais. Dessa forma, ele funciona como uma mesa de trabalho para sua Magia. Os Instrumentos do elemento Ar incluem incensos e Athame e/ou o Bastão. Encontre mais informações sobre isso nos capítulos 5 e 6.

Seu altar-mor pode estar situado na área central de seu espaço ritual; no entanto, se você tiver uma afinidade especial com o Ar, ou se quiser usá-lo para realizar a Magia do Ar, posicione-o na direção que associar a este elemento. Colocá-lo lá aumenta sua comunicação pessoal e ajuda no trabalho espiritual.

Altar do Ar

Na prateleira logo abaixo do meu Santuário do Ar, tenho uma área dedicada que uso como altar exclusivo para este elemento. É um local conveniente para trabalhar quando quero fazer Magia do Ar e não usar nenhum outro elemento. Também uso este espaço para guardar meus Instrumentos do elemento Ar. Manter meu incenso e Athame ali libera espaço no altar principal para outras coisas. Isso me impede de ter que movê-los para frente e para trás também.

Eu uso este altar para armazenar toda a minha Magia do Ar. Parece certo manter certas coisas lá, como frascos de feitiços para comunicação ou bolsas de feitiços para troca. Esses itens mágicos aumentam a energia única do altar do Ar e todos eles podem ser recarregados ao mesmo tempo com incenso.

Toque na energia do seu altar do Ar sempre que precisar. Simplesmente acenda um pouco de incenso, invoque qualquer aspecto do Ar de que precisa e extraia energia dele com uma respiração profunda.

Seu altar de Ar não precisa ser tão complicado quanto o meu. O seu deve refletir sua personalidade única e sua Magia. Faça o que parece ser certo para suas necessidades mágicas e seu espaço.

Mesa do Incenso

Em algumas culturas, o incenso é armazenado e queimado em sua própria mesa dedicada. Ter uma mesa especial para o seu incenso significa que você sempre terá tudo à mão. Outra grande coisa sobre mesas de incenso é que as brasas estão mais fora de alcance.

Considere usar uma mesa na altura da cintura para facilitar o acendimento do incenso. Escolha um com prateleiras ou gavetas para guardar seus itens. Estoque sua mesa com isqueiros, vários tipos de incenso, carvão de incenso, pinças, incensários, um Caldeirão ou uma tigela resistente ao calor e qualquer outra coisa que possa precisar, incluindo algo para pegar com segurança as cinzas remanescentes. Isso torna menos perigosos para o fogo e muito mais fáceis de limpar, em comparação com uma toalha de altar ou uma mesa. Coloque sua mesa de incenso na direção que você associa ao Ar ou coloque-a perto da entrada do espaço sagrado para criar instantaneamente uma mentalidade espiritual.

Ritual para Dedicar um Altar ou Santuário do Ar

Sempre que criar um novo lugar sagrado em sua casa, é bom ter um ritual leve para alinhá-lo com seus propósitos. Não precisa lançar um Círculo para isso. Tudo que você precisa fazer é dizer o que deseja. Este ritual chama os Guardiões do Elemento Ar para proteção e para carregar o altar com um propósito. Sinta-se à vontade para adaptar as palavras de acordo com sua dedicação:

GUARDIÕES DO ELEMENTO AR,
PEÇO QUE ABENÇOEM ESTE ALTAR/SANTUÁRIO
COLOCADO NO LESTE, LOCALIZAÇÃO DO SOL NASCENTE E DA LUA, REPRESENTANDO O COMEÇO E A LUZ, A RESPIRAÇÃO E A MENTE, SABEDORIA E COMUNICAÇÃO.

SOBRE ESSE ALTAR/SANTUÁRIO ESTÁ A PENA DE UMA CORUJA,
O ANIMAL MAIS SAGRADO PARA A SÁBIA ATENA,
PORTADORA DA SABEDORIA E DA ARTE.
EU QUEIMO ESTE INCENSO PARA HONRÁ-LO E PEDIR-LHE QUE
ABENÇOE ESTE ALTAR/SANTUÁRIO DO AR,
E TODA A MAGIA DO AR REALIZADA AQUI.
QUE EU ENCONTRE ELEVAÇÃO, DISCERNIMENTO, IDEIAS,
PERCEPÇÕES E MUITO MAIS, AGORA E SEMPRE.
QUE ASSIM SEJA!

Acenda um pouco de incenso e espalhe-o sobre o altar ou santuário. Medite e comungue com a energia presente até que o incenso queime completamente. Agradeça aos espíritos e diga adeus.

O Elemento Ar como um Altar

Laura Tempest Zakroff é uma artista profissional, autora, dançarina, designer e Bruxa tradicional moderna. Ela é a autora dos livros best--sellers *Weave the Liminal* e *Magia de Sigilo*, bem como *The Witch's Cauldron*, e coautora de *The Witch's Altar*. Laura bloga para o *Patheos* e o *Witches & Pagans* e contribui para o *The Witches' Almanac, Ltd.* É também editora do *The New Aradia: A Witch's Handbook to Magical Resistance.* Visite-a em www.LauraTempestZakroff.com.

VOCÊ PODE TANTO fazer altares para os elementais, como também usar um elemento como um altar. O primeiro cai sob a categoria de Santuário e seu foco é honrar os elementos e seus espíritos relacionados. O último enfoca o elemento sendo um altar em si – o ponto crucial onde sacrifícios e ofertas são feitos e transformados.

O elemento Ar é o milagre do invisível e seu efeito é definitivo no tangível. É a essência de todos os fenômenos invisíveis, explicados ou não, que podemos ver claramente interagindo com o mundo ao nosso redor. Não vemos o vento, mas o sentimos e o vemos mover a grama e as folhas das árvores. Sabemos que o ar nos dá vida – é o que respiramos, parte integrante da nossa existência. Não podemos vê-lo, mas sabemos que ele está lá por seu efeito sobre nós. Ele é essencial para que todos os outros elementos aconteçam.

Como um altar, o ar é um veículo e um dispensador. Ele carrega a fumaça do que queimamos e as plumas de incenso perfumado até os céus. Muitas culturas acreditam que Deuses, espíritos e ancestrais se alimentam da fumaça das oferendas e do aroma de incensos e de óleos. O ar, como vento, também sopra as partículas queimadas de oferendas e as cinzas para os quatro cantos da Terra. Também podemos usar nossa própria respiração como sacrifício para doar a nós mesmos, nossa essência. A respiração também pode ser infundida com uma oferenda, além de purificar e direcionar através dela.

É relativamente fácil usar o elemento Ar como altar. Você pode queimar incenso, ungir com óleos essenciais (aplicar ou usar um aquecedor de óleo ou cera que espalha o perfume em uma sala), usar um borrifador aromático ou spray de limpeza. Ou simplesmente pode aplicar uma respiração focada em um objeto ou espaço. Todos eles funcionam muito bem em espaços internos, mas certifique-se de ler sobre os itens e seja cauteloso. Em espaços externos, se você deseja aproveitar a força do vento, pode ser necessário um pouco mais de planejamento e sorte. É necessário ver de onde vem o vento e garantir que o local em que está trabalhando seja acessível a ele.

Um cântico para usar o elemento Ar como altar:

Espírito do Ar,
Doador do Sopro,
Tecelão do Vento,
Essência do Céu.
Leve com você minha sagrada oferenda.
Sobre suas asas ela agora voa!
Laura Tempest Zakroff

Laura Tempest Zakroff

Ar Sagrado

Nenhuma passagem sobre locais sagrados do Ar estaria completa sem mencionar o lugar mais milagroso de todos para este elemento – seu corpo! Sua respiração, mente e espírito estão alojados em um organismo incrível. Seu corpo é uma entidade poderosa que facilita o uso da Magia do Ar. Se você levar consigo uma sensação de admiração pelo elemento Ar onde quer que vá, estará sempre em um local Sagrado.

PARTE 2

2

TRABALHANDO COM O ELEMENTO AR

Praticar a Magia é para o charlatão;
conhecer a Magia é para o sábio.

ÉLIPHAS LÉVI

but
Since
revolutions from
when

Capítulo 5

O ELEMENTO AR NA MAGIA

DESDE QUE O ELEMENTO MÁGICO DO AR foi concebido, filósofos, alquimistas e escritores modernos associaram certas qualidades a ele. Conhecidas como "correspondências", essas qualidades incluem símbolos, pontos cardeais, horários, estações do ano, planetas e muito mais. Cada item neste capítulo exemplifica o elemento Ar e acrescenta uma energia específica à sua Magia. Alguns deles ressoam mais com o elemento Pessoal do Ar, outros com o Físico e outros com o Mágico. Muitos são uma combinação de dois ou de todos os três. Este capítulo vai se aprofundar verdadeiramente na compreensão do elemento Ar.

Axioma do Ar

O axioma do Ar é o saber: a proeza mental do Ar é evidente no desejo de aprender e compreender melhor. Essa frase revela a vontade de pesquisar, buscar respostas, formular hipóteses, experimentar e resolver problemas. Qualquer busca pelo conhecimento verdadeiro aceita que pode haver grandes vitórias e sucessos, bem como provações e fracassos, pois somente enfrentando desafios podemos obter a sabedoria da experiência.

Símbolo

O ar é representado nos textos alquímicos como um triângulo vertical com uma linha horizontal que o atravessa. Ele se parece com uma combinação da letra maiúscula A e um triângulo, o símbolo químico da mudança. Isso reflete a natureza primária do ar (a primeira letra do alfabeto) e sua tendência a se transformar.

Gesto

Em algumas tradições, quando o Ar é invocado em trabalhos mágicos, ele é representado por uma mão no ar com os dedos bem abertos, como se fosse para pegar a brisa.

Energia

A energia do Ar é ativa, iniciática, dinâmica, focada, direta, capaz, mental, lógica, de visão e pensamentos claros e intelectual. O Ar está sempre se movendo, viajando e se agitando, muito parecido com os pensamentos de uma mente inquisitiva. É flexível, rápido, novo, mutável, instável e comunicativo. Só de pensar na energia do Ar, já nos sentimos frescos e revigorados. O Ar geralmente é considerado o elemento mais leve de todos. Embora muitos filósofos antigos associassem o Ar ao frio, hoje em dia é mais comum vê-lo associado ao calor. O Ar também está associado à umidade.

Direção

O antigo alquimista grego Zósimo foi a primeira pessoa conhecida a associar o Ar a uma direção – o Sul. No entanto, a direção mais associada ao Ar hoje em dia é o Leste, a localização do sol nascente e da lua. Isso provavelmente se deve a uma correspondência dos Magos Enoquianos dos anos 1500, que influenciaram a Golden Dawn e contribuíram para muitas das Tradições da Wicca.

No entanto, algumas pessoas usam outras direções para o Ar. Por exemplo, as Bruxas Tradicionais o associam ao Norte e à estação do inverno. Sabe-se que muitas pessoas no Hemisfério Sul optam por quaisquer associações direcionais que façam mais sentido com base em suas paisagens.

Hora do Dia

O Ar está associado ao amanhecer, ao início da manhã, ao momento antes do sol nascer, ao nascer do sol e ao sol nascente. Esses momentos são considerados o nascimento do dia e a mudança liminar entre a escuridão e a luz. A energia do Ar começa o dia e dá um novo começo a tudo. Tem os poderes de novos começos, esperança, habilidade, vigília, luz e propósito. Na Mesopotâmia, os feitiços eram escritos com o nascer do sol, conectando a linguagem, a direção Leste, o Sol e a Magia.

Estaçao do Ano

O Ar é tradicionalmente associado à primavera. Esta é a estação de novos começos, recomeços e esperança. É quando as flores mais uma vez enfeitam a terra para perfumar o Ar após o longo e frio inverno. A primavera é quando muitos animais dão à luz uma nova vida. É também um momento natural de purificação, desintoxicação e limpeza primaveril. As energias mágicas associadas à primavera são os despertares, a fertilidade, a cura, a magia, novos começos, beleza, renascimento e renovação, esperança, juventude e luz.

Fase Lunar

Muitas pessoas associam o Ar às fases crescente e quarto crescente da lua. Isso provavelmente se deve aos aspectos ativos do Ar, bem como à sua tendência de expansão.

Sentidos

ODORES: o olfato é um dos sentidos mais fortes e liga a respiração à mente. Sempre que os aromas são inalados, eles viajam diretamente para o sistema límbico, a parte do cérebro responsável pela intuição e pelas reações intestinais. Como tal, os cheiros evocam memórias e emoções profundas.

AUDIÇÃO: as ondas de som viajam pelo ar como frequências audíveis. Os sons podem evocar sentimentos fortes – ouvir uma música de uma certa época de sua vida o transporta de volta para sua mentalidade naquela idade.

Cores

Muitas cores diferentes estão associadas ao Ar, provavelmente mais do que a qualquer outro elemento. Essas cores são usadas para representar o elemento Ar na Arte, nos panos de altar, velas e trabalhos mágicos.

AMARELO: esta é uma escolha comum, pois a cor do Sol é percebida como amarela. Qualquer cor de um amarelo pálido a um tom dourado pode ser usada.

AZUL E ROXO: essas cores representam o Chakra da Garganta e o Chakra do Terceiro Olho. O azul também é a cor de um céu sem nuvens.

BRANCO: o branco é a cor da luz neutra e das nuvens.

PRATA: a cor prateada da Lua é uma bela opção se você prefere a Magia da Lua e faz trabalhos mágicos à noite.

Humor

O antigo médico grego Hipócrates associava os fluidos aos elementos: o Ar foi associado ao sangue, porque ambos são quentes e úmidos. Esse foi um insight muito astuto, especialmente considerando que, a cada respiração, as moléculas de oxigênio passam para minúsculos capilares nos pulmões, que transferem as moléculas de oxigênio para a corrente sanguínea. O sistema cardiovascular então espalha o oxigênio por todo o corpo. O sangue também transporta o dióxido de carbono, um resíduo gasoso, para os pulmões, onde o exalamos.

Astrologia

Alguns praticantes de Magia observam as estrelas para que possam trabalhar sua Magia em alinhamento com as energias que estão naturalmente disponíveis naquele momento. Sempre que o Sol, a Lua ou um planeta estiver em um signo de Ar, você receberá uma dose extra de energia deste elemento. Momentos especiais para a Magia do Ar incluem luas novas, eclipses, conjunções de dois ou mais planetas, tudo em signos de Ar ou quando os planetas de Ar estão separados por 60 graus.

Signos do Zodíaco Associados ao Ar

GÊMEOS: este signo comunicativo tem muitos traços do elemento Ar, incluindo a capacidade de conversar com qualquer pessoa sobre qualquer coisa. Ele promove uma energia alegre e divertida e tem o poder dos gêmeos e da dualidade. Gêmeos é um signo *mutável* – faz bem as transições e ajuda os outros a preencher as lacunas de pensamento e sentimento. Quando está bem aspectado, Gêmeos é amigável, cômico e brilhante. Mas se mal aspectado, é dividido, contrário, inconstante e cortante. Gêmeos é o aspecto aéreo de Mercúrio. Use-o na Magia para adaptabilidade, inteligência, perspicácia, poderes mentais, mudança, relacionamentos e comunicação.

LIBRA: este signo de amor, harmonia, arte e beleza adora entreter e lisonjear. Libra é um signo *cardeal*, o que significa que é bom para começar ou iniciar projetos. Quando bem aspectado, Libra é adaptável, amigável, charmoso, social e gracioso. Mas se mal aspectado, é indeciso, facilmente comprometido e codependente. Libra é o aspecto aéreo de Vênus. Use-o em Magia para equilíbrio, atração, romance, relacionamentos, cooperação, verdade, beleza, justiça, equidade, harmonia e graça.

AQUÁRIO: este signo de Ar é humanitário e idealista. Naturalmente desapegado do mundo, Aquário se identifica mais com as estrelas, porém ao mesmo tempo deseja uma sociedade melhor para todos. Este é um signo *fixo*, o que significa que é bom para sustentar a energia e levá-la adiante. Quando bem aspectado, é imaginativo, brilhante e idealista. Mas se mal aspectado, é espacial, indiferente e estranho. Aquário é o aspecto aéreo de Urano. Use-o em Magia para comunidade, criatividade, intuição, sabedoria, espiritualidade, esperança, independência, caridade, inteligência, cura e paz.

Planetas Associados com o Ar

MERCÚRIO: este planeta veloz está associado ao Deus Hermes. Seus pontos fortes incluem comunicação, inteligência, criatividade, mente, adaptabilidade, velocidade, inspiração, magia, negócios e dinheiro, presságios, o Submundo, sabedoria e viagens.

JÚPITER: conhecido como o "gigante gasoso", este é o maior planeta do nosso sistema solar. Está associado ao elemento Ar devido à sua ligação com Zeus. Suas características incluem expansividade, riqueza, sucesso, poder, sorte, generosidade, intuição, liderança, oportunidades, mente e espiritualidade.

URANO: um dos planetas mais externos do nosso sistema solar. Seu nome vem de "Ouranos", o Deus grego dos céus. Este planeta corresponde a mudanças radicais, inspiração, liberdade, intuição, poder, ambição e motivação.

Qualidades Pessoais do Ar

Pode ser útil pensar em como seria ter uma forte associação pessoal com o elemento Ar. Alguém com qualidades e traços positivos de Ar teria essas habilidades:

COMUNICAÇÃO: quem troca ideias e informações com facilidade tem o dom da comunicação. Pessoas que se expressam de forma eficaz e concisa em sua escrita, fala, línguagem de sinais e outras formas de comunicação.

DISCERNIMENTO: na Era da Informação, você pode aprender quase tudo, mas o discernimento é necessário para saber o que é fato e o que é ficção. O discernimento pode ser interpretado como a capacidade de julgar, analisar informações e pensar criticamente. Essa qualidade chega ao cerne da questão.

INTELIGÊNCIA: pessoas inteligentes valorizam a experiência de aprendizado, pesquisa, pensamento, compreensão e aplicação dessas habilidades. Isso inclui ser capaz de se concentrar e memorizar informações importantes.

SABEDORIA: o conhecimento que vem de tentativa e erro, aprendendo lições e experiência é conhecido como "sabedoria". Está relacionado à inteligência, ao discernimento, à espiritualidade e à memória.

VISÃO: nossa capacidade de imaginar, visualizar, inventar, sonhar e criar é altamente subestimada. A visão ajuda os líderes a reunir pessoas em torno de uma causa. Também pode nos levar a caminhos que não exploramos antes.

Instrumentos Mágicos do Ar

Os Instrumentos do Ar são usados para limpar, mudar, cortar, focar e comunicar. Embora não sejam necessários para Bruxaria, esses Instrumentos são bastante útil. Por exemplo, não consigo me imaginar cortando vegetais sem uma faca ou limpando o chão com as mãos em vez de uma vassoura. Instrumentos Mágicos têm uma longa história de uso na magia por uma razão – eles funcionam.

Athame, Adaga, Faca ou Espada

Na Bruxaria, as facas são usadas principalmente para realizar cortes energéticos. Elas são usadas para cortar o tecido do mundo para criar um Círculo Mágico. Também são usadas para cortar cordões energéticos que conectam pessoas a lugares ou coisas. Outros usos são: banir e convocar espíritos e esculpir símbolos e sigilos no Ar.

As facas também têm as propriedades protetoras do Ar – existem algumas histórias que apoiam isso. Facas são tradicionalmente feitas de um metal como o aço, que contém uma grande quantidade de ferro. Você pode ter ouvido falar da lenda de que o povo das fadas não gosta de ferro ou aço. A capacidade da faca de cortar o elemento Ar pode ser o motivo. Da mesma forma, um Círculo feito com uma faca afasta os espíritos que não são convidados, pois eles não podem atravessar o Círculo.

Bastões Mágicos

Os Bastões têm uma longa história de uso mágico. Uma de suas principais funções é aumentar a energia, direcionar os espíritos e facilitar o fluxo de um ritual. Como um maestro com uma orquestra de músicos, alguém que empunha um Bastão pode usá-lo para projetar sua mentalidade nos espíritos presentes em um ritual. Os Bastões são usados para agitar o Ar em um Círculo Mágico que excita os espíritos e aumenta a quantidade de energia presente. Isso coordena a energia e permite que o ritual se mova em conjunto para culminar e se intensificar com todos os participantes se sentindo unidos em apenas um.

Bastões também são usados para transmitir a energia de alguém para o mundo. Sempre que levanto um Bastão para o reino elemental do Ar, imagino-o tocando a teia invisível que conecta tudo ao Universo. Os

Bastões conduzem nossa energia e enviam nossos pensamentos ao longo desses fios para transmitir nossos desejos. Isso é especialmente útil para invocar espíritos que podem ajudar com sua Magia.

Alguns outros usos comuns dos Bastões Mágicos incluem invocar os guardiões elementais em cada direção cardeal, lançar círculos, banir espíritos e direcionar energia para objetos.

Bastões e Athames realmente correspondem ao Fogo?

Dependendo da tradição, diz-se que tanto os Bastões quanto os Athames correspondem ao Fogo, não ao Ar. Acontece que existem argumentos convincentes para cada designação.

Antigas tradições de Bruxaria associavam as varas com o Fogo e as facas com o Ar. Basta olhar para o baralho de Tarô para ver essa associação. Os alquimistas enoquianos do final da Era Medieval e a Ordem Hermética da Golden Dawn também usaram essas mesmas energias correspondentes. No entanto, Scott Cunningham, um dos principais autores Wiccanianos do século 20, inverteu essas correspondências e associou Bastões com o elemento Ar e Athames com o elemento Fogo. Podemos avaliar cada Instrumento com base em suas associações naturais com o Ar. Considere o argumento de que os Bastões correspondem ao Ar – é fácil imaginar uma Bastão como um galho de árvore, bem acima do solo e soprando ao vento. Os pássaros podem ter pousado nele e até ter construído um ninho lá.

Agora, vamos considerar o argumento de que as facas correspondem ao elemento Ar. Facas cortam o ar com mais precisão do que Bastões jamais poderiam. A habilidade afiada e cortante da faca relaciona-se com as qualidades do Ar de discernimento e lógica. Da mesma forma, as espadas estão associadas a divindades do Ar da lógica e da sabedoria, como Themis e Justice.

Ambos os argumentos são convincentes por si só, mas há uma terceira opção – e se os Bastões e os Athames corresponderem à energia do Ar? É possível pensar em seus aspectos aéreos individuais ao usá-los. Use ambos os Instrumentos e verifique qual(is) parece(m) associados ao elemento Ar para você. Se ainda não tiver certeza, simplesmente use incenso ou outro Instrumento Mágico para representar o Ar.

Cajado

Cajados podem ser considerados como versões mais longas de Bastões ou varinhas com algumas propriedades extras. Além de todos os usos da varinha, o cajado é usado para invocar o Submundo e o Mundo Superior. Ele atua como um canal entre os dois ou três mundos, permitindo que essa energia flua para a pessoa que a maneja. Desta forma, atua como um *axis mundi* ou "Árvore do Mundo". Cajados também podem ser usados para desenhar um Círculo Mágico no solo ou na areia.

Vassoura Mágica ou Besom

As vassouras mágicas, também conhecidas como *Besom*, não costumam ser associadas a nenhum elemento; no entanto, elas podem ser consideradas Instrumentos do Ar, porque são usadas para varrer a energia negativa e estagnada deste elemento. Algumas das vassouras historicamente usadas para fins de limpeza têm correspondências do elemento Ar. Por exemplo, os romanos usavam vassouras feitas de verbena para varrer o ar em torno de seus templos e altares. Usar uma planta específica em uma vassoura adiciona essa energia à limpeza. Vassouras e Besoms também estão associadas à projeção astral e ao voo mágico.

Caneta e Papel

Várias culturas antigas acreditavam no poder da palavra escrita. Os antigos egípcios acreditavam que a escrita (e a imagem) afetava a realidade. Eles escreviam coisas que estavam no poder, o que reafirmou ainda mais esse poder. A palavra "gramática", que significa "regras da linguagem", tem raízes mágicas – ela é descendente da palavra egípcia *grimoire*, um livro de feitiços mágicos.

Se quiser aumentar o poder de suas palavras escritas, use afirmações mais poderosas em rituais e anote-as. Você também pode dedicar mais tempo ao seu diário, grimório ou Livro das Sombras. Tome seu tempo escrevendo coisas para capturar a essência de seus rituais e práticas. Organize suas entradas para que possa voltar a lê-las não para apenas entendê-las, mas também para obter sabedoria sobre como sua mágica foi tecida na imagem maior.

O Ar e o Tarô

Phoenix LeFae é uma buscadora incansável de conhecimento. Ela é uma iniciada na Reclaiming Tradition of Witchcraft, na Avalon Druid Order e na Gardnerian Wicca. Praticante de Hoodoo, Bruxa profissional e proprietária da loja esotérica da Deusa, Milk & Honey, em Sebastopol, CA. Phoenix teve o prazer de ensinar e liderar rituais nos Estados Unidos, Canadá e Austrália. Seus livros incluem *What Is Remembered Lives* e *Walking in Beauty*.

NO TARÔ, O ELEMENTO AR aparece trazendo consigo todas as qualidades positivas de cura e todo o caos que faz parte desse elemento. Os Arcanos Menores do Tarô são um reflexo dos quatro elementos, com o naipe de espadas ligado ao elemento Ar. A energia das espadas está relacionada à comunicação, ao pensamento e ao intelecto. Essas cartas geralmente estão conectadas à consciência e ao pensamento e podem ser sinal de um estado mental perturbado ou uma mensagem de que mais clareza e reflexão são necessárias sobre uma situação particular.

O naipe de Espadas ganhou má reputação no mundo dos leitores de Tarô. As pessoas costumam pensar em Espadas como cartas que visam problemas, dificuldades e conflitos. As cartas de Espadas podem até sugerir certa desordem ou problemas com dinâmica de poder ou mudança. Mas na maioria das vezes, as Espadas são um sinal da necessidade de uma melhor comunicação ou clareza. Também pode ser um sinal de que você precisa tomar algumas decisões. Quando muitas Espadas aparecem em uma leitura de Tarô, isso pode significar a necessidade de esclarecer uma luta mental, medo ou conflito. Espadas podem ser um sinal de desafios por vir. Na maioria das vezes, elas mostrarão que é hora de estar mais ciente do que está acontecendo ao seu redor e não aceitar nada pelo valor nominal.

Uma Espada tem dois gumes e as cartas desse naipe refletem o equilíbrio entre intelecto e poder. O que pode curar pode matar – e o que pode ferir também pode cortar o que não serve mais. E como as espadas também estão ligadas à comunicação, elas também apontam para o poder das palavras e como elas podem oferecer clareza, calma, conflito ou dor. O Ar é uma força invisível. Está em constante movimento, mas passa quase despercebido. Pode ser uma força destrutiva ou uma brisa purificadora. De qualquer maneira, o poder do Ar é de mudança – e isso aparece na relação com as Espadas no Tarô, tanto no naipe total quanto além.

Não é apenas nas cartas do naipe de Espadas que encontramos o poder do Ar no Tarô. Os ases de cada naipe têm o poder aéreo de novos começos, mudanças e assuntos espirituais. Esses poderes são frequentemente representados nas cartas como mãos que emergem de uma rajada de vento para segurar a Espada, a Taça, o Pentáculo ou o Bastão no Ar. As cartas dos Arcanos Maiores também são preenchidas com o simbolismo deste elemento. Ar é poder, regras mentais e intelecto, e essas mensagens aparecem em várias outras cartas:

O Louco: início da jornada, o primeiro passo, a energia do amanhecer. Todos esses poderes estão conectados à direção Leste e, portanto, aos poderes do Ar.

O Mago: o simbolismo de todos os naipes é refletido nesta carta. O Mago não é o governante do ar, mas ele é capaz de manipular todos os elementos.

O Imperador: a arte desta carta mostra um líder masculino empoleirado em um trono na encosta da montanha. Ele é o governante supremo, usando a razão e o pensamento como guia. O Imperador é o símbolo máximo do poder do Ar.

A Justiça: a Espada é vista novamente na arte desta carta apontada para cima em uma das mãos do arquétipo, enquanto a balança está na outra. Isso reflete a natureza de dois gumes da Espada, junto às suas regras e consequências.

O Julgamento: o Ar aparece na arte desta carta como a trompa sendo tocada pelo anjo Gabriel. É um chamado, uma música, um despertar – tudo levado pelo Ar. Os sons acordam aqueles que estavam adormecidos e os chamam para algo mais.

O mundo: muito parecido com o Mago, o Mundo detém o domínio sobre todos os elementos. A arte desta carta mostra uma pessoa dançando no mundo com os símbolos dos quatro naipes ao seu redor. Elas alcançaram a maestria, conhecem o mistério e são capazes de trabalhar a alquimia com os quatro elementos juntos.

Uma compreensão mais profunda do Ar e de como trabalhar com ele em nossa própria vida pode ser obtida estudando as mensagens das cartas.

Phoenix LeFae

• • • • • •

Trabalhe sua Magia

Pense em todas as correspondências deste capítulo como formas de ajudá-lo a entender o elemento Ar. Depois de compreender como este elemento funciona, você terá uma percepção mais intuitiva de como o utilizar consciente e inconscientemente. Deixe que essas qualidades o inspirem a um nível mais elevado de Magia do Ar. Se seu desejo é criar uma forte associação com o elemento Ar, use essas ideias e ferramentas com frequência.

but
Since
revolutions from
when θ=

Capítulo 6

ERVAS E PLANTAS AROMÁTICAS DO ELEMENTO AR

AS CORRESPONDÊNCIAS VEGETAIS CITADAS neste capítulo são mensageiras do elemento Ar. São condutos energéticos entre o reino elemental do Ar e o plano físico e podem ser usadas para ajudá-lo a encontrar a energia mais precisa para sua Magia com este elemento.

Plantas correspondentes ao Ar geralmente têm uma aparência em comum – seus galhos e folhas são delicadamente espalhados no Ar. A afinidade das plantas em crescer dessa maneira mostra o quanto elas estão em harmonia com o elemento. É como se elas quisessem alcançá-lo e abraçá-lo.

Este capítulo fornece os significados tradicionais das plantas correspondentes ao Ar. Você também encontrará algumas plantas e significados que geralmente estão associados a outros elementos. Por exemplo, as plantas usadas para a Magia do Amor são consideradas correspondentes ao elemento Água, e as ervas que promovem a boa saúde geralmente são associadas ao elemento Terra. A melhor maneira de pensar sobre essas aparentes inconsistências elementais é que as plantas nesta lista podem criar a mentalidade adequada para permitir que essas qualidades se manifestem. Ao habilitar a mentalidade certa, você convida a energia do físico, emocional e espiritual para tomar forma. Em outras palavras, o elemento Ar ativa os outros elementos e qualidades mentais à existência.

Algumas dessas plantas podem ser transformadas em uma infusão de ervas ou incenso, mas você não precisa queimá-las ou consumi-las para colher seus benefícios. Muitas vezes, apenas estar na presença da planta e comungar com seu espírito é suficiente para obter insights. Tente sentar-se com a planta e desfrutar de sua presença. Troque energia e tenha um diálogo leve com ela. Outra forma de trabalhar com a energia das plantas é levar consigo uma parte dela ou colocá-la em algum lugar onde queira ver os efeitos. Claro, as plantas também são úteis em bolsas de amuletos ou potes de feitiços.

Se for colher plantas na natureza, faça-o de forma sustentável e com certeza sobre a identificação para não tocar ou consumir plantas venenosas. Use guias confiáveis para aprender sobre sua identificação e preparação adequadas. Ao colher, pegue apenas o necessário. Certifique-se de deixar a planta com uma quantidade saudável de folhas e casca para que ela continue crescendo e abastecendo outras pessoas e animais. Consulte um médico ou um fitoterapeuta antes de consumir qualquer planta que ainda não seja comumente usada na culinária ou em chás.

Ao ler esta lista de plantas mágicas do Ar, imagine-se na presença da planta. Se tiver um aroma, respire fundo e evoque o cheiro em sua mente. Toque-o espiritualmente e sinta as energias que ele evoca dentro de você.

Plantas

As plantas são aliadas poderosas para praticantes de Magia. Todas as plantas desta lista têm propriedades do Ar – algumas auxiliam na comunicação ou na clareza mental, outras são protetoras e purificadoras, que refletem a capacidade do Ar de afastar a negatividade. Várias dessas plantas promovem mudanças, enquanto outras possuem aspectos espirituais.

Absinto (*Artemísia absinto*): esta planta, com suas folhas altas e prateadas, é o principal aromatizante da bebida que conhecemos como absinto. Ela aumenta a clarividência e as habilidades psíquicas, traz mudanças e aumenta o poder pessoal. Também é usada na magia do amor e geralmente é queimada para dar sorte. Em grandes doses, o absinto é tóxico. Associado à Ártemis, Quíron, Diana, às fadas, Hécate e Íris.

AGRIMÔNIA (*Agrimonia griposepala* ou *A. striata*): esta planta, com seus caules altos com flores douradas, é fortemente protetora. Capaz de banir a negatividade e quebrar maldições, a agrimônia também é boa para a cura espiritual. Algumas pessoas a usaram para detectar a presença de Bruxas. Para encontrar amigos que pensam como você, leve-a no bolso. Associada ao Deus Mitras.

ALCARAVIA (*Carum carvi*): alcaravia tem sementes aromáticas e saborosas que protegem contra negatividade e roubo. Estimulam a saúde, o amor, a libido e a fidelidade. Fortalecem as habilidades mentais e ajuda na retenção da memória. Associada a Mercúrio.

ALECRIM (*Rosemarinus officinalis*): este arbusto perfumado e de cheiro limpo com flores roxas ajuda na memória e no intelecto. Acredita-se que seja uma das primeiras plantas a ser usada para incenso. Os antigos romanos também costumavam queimá-lo em seus templos. Associado às fadas, Héstia, Rhiannon e Zeus.

ANIS (*Pimpinella anisum*): planta alta e arejada, com sementes marrons e aroma doce e picante. Afasta pesadelos, aumenta as habilidades psíquicas e de adivinhação e ajuda a invocar espíritos. O anis também pode ser usado para proteção. Associado a Apollo, Hermes e Mercúrio.

ARRUDA-CAPRÁRIA (*Galega officinalis*): também conhecido como "lilás-francês". Esta erva tem cachos de flores roxas e é usada para aumentar os poderes mentais, como a razão e a lógica. Promove a cura física e emocional. Associada à Ea, Faunos e Pan.

ARTEMÍSIA (*Artemisia vulgar* ou *A. argenteum*): erva amarga, com folhas dentadas e pequenas flores brancas, encontrada em quase todo o mundo. A artemísia é uma planta profundamente espiritual. Abre o Terceiro Olho e estimula a projeção astral, a intuição, a profecia, sonhos lúcidos e visões. É colocada na cerveja pelo menos desde os tempos medievais, e os marinheiros a fumavam como um alucinógeno suave para tornar as longas viagens mais interessantes. A artemísia repele os maus espíritos e facilita a comunicação com os guias espirituais. Outros usos mágicos da artemísia incluem sabedoria, força, saúde, cura e criatividade. Quando queimada como incenso, os aromas são úteis para a adivinhação. Sagrada para Ártemis, Diana, Hécate e Odin.

ÁSTER (*Aster novi-belgii*): também conhecida como "margarida-de--jardim", esta planta também recebeu o nomes de "estrela". Olhando para suas pétalas radiantes, é fácil entender o motivo. Planta que eleva facilmente a energia e promove a força interior. Abre portas e facilita as transições, ajudando em recomeços e novos caminhos. Também é considerada uma planta protetora – pense nas flores como olhos abertos, sempre atentas à energia negativa. Por esse motivo, muitas Bruxas a plantam em suas casas como uma proteção natural. Associada às fadas e à Vênus.

BERGAMOTA (*Monarda didyma* ou *M. fistulosa*): também conhecida como "bálsamo de abelha" a bergamota é uma erva aromática que auxilia no sucesso de todos os feitiços. Acrescenta lógica, paz, consciência, prosperidade, sorte e boas energias. Associada à Gaia e à Perséfone.

BORRAGEM (*Borago officinalis*): também conhecida em inglês como *starflower*, esta planta foi nomeada após seus belos cachos de flores azuis caírem. Os antigos gregos faziam vinho com ela e, acredita-se, que este era o ingrediente secreto do "vinho do esquecimento" mencionado na *Odisseia*. Borragem é derivado da palavra celta *borrach*, que significa "coragem". Antes de partir para a batalha, os aldeões medievais davam flores de borragem aos cavaleiros para esse fim. Use *starflower* para acalmar os nervos, ajudar na consciência psíquica, para criar uma vontade mais forte e para proteção. Associado com a musa Calíope.

CAPIM-LIMÃO (*Cymbopogon citratus*): esta grama com cheiro de limão é comumente usada em alimentos para adicionar um sabor único. Estimula o foco mental, habilidades psíquicas, adivinhação e luxúria.

CENTELHA ASIÁTICA (*Centella asiatica*): erva com folhas em forma de leque. Está relacionada com a salsa. Auxilia no foco mental e fornece um caminho mental claro em direção aos objetivos. Também aquieta a mente para a meditação. Associada com Sekhmet e Shakti.

CHICÓRIA (*Cicório intybus*): esta planta, com seus caules altos e flores de pervinca pode crescer em quase qualquer lugar. Tem a magia da perseverança. Também usada para o sucesso, especialmente quando as chances estão contra você, pois abre portas e remove obstáculos. Associada a Apollo.

CONFREI (*Symphytum officinale*): também conhecido como "consólida", o confrei é uma planta atarracada, com suas folhas largas e peludas e pequenas flores roxas; uma usina de cura. Frequentemente usado externamente em pomadas e cataplasmas para curar feridas, as folhas de confrei estimula a reparação de tecidos e reduz o tempo de cicatrização de contusões e entorses. A capacidade de cura desta planta era conhecida pelos antigos gregos, que a batizaram de *sympho*, que significa "unir". Da mesma forma, os celtas o chamavam de "ossos de malha". Magicamente, o confrei cura a origem dos problemas para corrigi-los. Pode ser usado na magia de reconciliação, para curar relacionamentos e problemas mentais e para encontrar paz de espírito. Também é um ótimo companheiro de viagem, proporcionando proteção e prosperidade. Use esta planta apenas externamente, pois contém produtos químicos que podem ser venenosos se ingeridos. Associado a Hécate.

DENTE-DE-LEÃO (*Taraxacum officinale*): uma planta com flor ensolarada que tem a capacidade de crescer em qualquer lugar. Ótima para Magia de perseverança e pode ser usada para resiliência e para seguir em frente. O dente-de-leão traz alegria e alivia a depressão. Quando esta flor se transforma em um aglomerado de sementes fofas, é usada no trabalho mágico para ajudar na mudança, para ter graça durante as transições e para se adaptar a novas circunstâncias. Faça um desejo e sopre as sementes o mais forte que puder para causar mudanças e trazer sucesso de longe. A raiz do dente-de-leão promove proteção, purificação, equilíbrio, habilidades psíquicas e capacidade de trabalhar com espíritos. Planta sagrada para Brigid e Hécate.

Erva-campeira (*Inula Helenium*): esta planta alta com flores amarelas atrai o amor e é usada para proteção mágica. Quando queimada como incenso, promove poderes psíquicos, especialmente visuais, como a vidência. Sagrada para as fadas e para Mercúrio.

EUFRÁSIA (*gênero Euphrasia*): pequena erva com flores multicoloridas, comumente usada para tratar infecções oculares e sintomas de alergia. O chá feito com suas flores limpa as vias aéreas e fortalece os poderes mentais, a memória e as habilidades psíquicas visuais. Também aumenta a felicidade, fazendo jus ao nome de Euphrosyne ou Eufrosina, a Deusa da alegria e do prazer.

FENACHO (*Trigonella foenum-graecum*): também conhecido como "feno-grego", esta planta semelhante a um trevo produz sementes amarelas perfumadas que são frequentemente usadas na magia do dinheiro e para criar abundância. As sementes também podem ser usadas na proteção e na cura. Associado a Apollo.

FUNCHO (*Foeniculum vulgare*): as flores e sementes desta doce erva acalmam e elevam o espírito. Muitas vezes é preparado em chás ou mastigado para promover a saúde digestiva, tratar distúrbios urinários, aliviar cólicas menstruais, aumentar o leite materno e melhorar a halitose. Os anglo-saxões o usavam para afastar o mal e os antigos romanos o usavam para aumentar a coragem, a longevidade e a força. Use o funcho magicamente para proteção, sorte, para elevar o ânimo e para se conectar com os chakras superiores. Sagrado para Adonis, Dionísio, Hefesto, Odin e Prometeu.

GOLDENROD (gênero *Solidago*): conhecida como "arnica-do-campo", esta planta recebeu o nome das minúsculas flores douradas que se formam no final de seus altos caules verdes. Atrai dinheiro, sorte, sucesso e amor. Também é usada para adivinhação e atua como um acelerador mágico. Seu pólen é um alérgeno comum que viaja longas distâncias com o vento – use-a quando quiser que sua magia se espalhe por toda parte. Conectada com Hermes, Héstia e Inti.

HISSOPO (*Hyssopus officinalis*): este pequeno arbusto da família das mentas está associado à purificação, ligação e proteção. Também melhora o foco mental. Conectado a Júpiter.

HORTELÃ (*gênero Mentha*): existem mais de duas mil variedades de hortelã, incluindo hortelã-pimenta, hortelã-verde, hortelã-chocolate, hortelã-água e hortelã-abacaxi. Erva perene, comum a muitos jardins. Geralmente tem caules retos e folhas verde-escuras que se formam opostas umas às outras. A magia da hortelã é transformar a situação atual em algo melhor. Repele a negatividade, acalma os nervos e auxilia na cura e na saúde. Também combate a depressão, o estresse e a raiva. O chá da planta trata problemas digestivos e alivia os sintomas da febre. Hortelã elimina dores de cabeça e aumenta o foco mental. Ótima erva para prosperidade, purificação, estatura social, amor, fertilidade, riqueza, viagens e magia de sucesso. Certas variedades, incluindo hortelã-pimenta, induzem a habilidades psíquicas. Associado a Plutão, Vênus e Zeus.

Lavanda (*Lavendula officinalis* ou *L. angustifolia*): com suas flores púrpuras profundas em altos caules verdes, a lavanda é uma erva benéfica bem conhecida, famosa por seus poderes de relaxamento e restauração espiritual. Uma lufada das flores pode purificar, banir a negatividade, limpar a mente e aliviar o estresse. A lavanda eleva os espíritos e promove um sentimento de transcendência espiritual. Atua como um antidepressivo natural, conferindo maior confiança, autoestima e força emocional. Esta planta auxilia o amor e a fidelidade, promovendo a comunicação. Quando queimada como incenso, auxilia na adivinhação. Também é usada para induzir ao sono e para auxiliar problemas digestivos e respiratórios. O óleo de lavanda é frequentemente usado em bênçãos e cerimônias para abrir os iniciados aos Deuses e Espíritos. A lavanda conecta as pessoas com sua intuição e propósito de vida. Os antigos egípcios e gregos usavam lavanda com frequência, e as culturas anteriores provavelmente também. Energeticamente, está conectada ao Chakra da Coroa e do Terceiro Olho. Associada com as fadas, Hécate, Saturno e Vesta.

Lúpulo (*Humulus lupulus*): os arbustos de lúpulo têm lindos cones de flores verdes que parecem tocar a brisa. Existem diversas variedades de lúpulo, com fragrâncias que variam entre floral, amargo, doce e *skunk*. As flores são frequentemente utilizadas para fazer cerveja e também em chás para tratar os nervos e trazer sono. Associado às fadas e a Odin.

Manjerona (*Origanum majorana* ou *O. vulgare*): a manjerona é uma erva herbácea, quente e antisséptica, semelhante ao orégano, mas muito mais suave. Suas folhas são utilizadas como estimulante e expectorante. Os antigos egípcios a usavam para acalmar febres, os nervos, dores de cabeça e para estimular a digestão. Os antigos gregos faziam guirlandas com a planta e davam aos recém-casados como bênção para a fertilidade, amor e felicidade. A manjerona é usada para aterramento, cura, estatura social, proteção, saúde e compaixão. Conectado à Afrodite e Vênus.

MARGARIDA (*Bellis perenis*ou *Chrysanthemum leucanthemum*): com suas flores ensolaradas e pétalas brancas, as margaridas evocam facilmente sentimentos de inocência e felicidade. São lembretes de que a vida pode ser bonita às vezes. Suas flores iluminam a energia e atuam como catalisadoras, promovendo conexões. Energia que inspira relaxamento, saúde mental e simplicidade. Frequentemente usadas na magia da riqueza e para atrair o amor. As margaridas são conectadas à Afrodite, Ártemis, às fadas , à Freya, Thor, Vênus e Zeus.

MÁSTIQUE (*Pistácia lentiscus*): arbusto perene, cujas folhas e bagas podem atrair coisas e pessoas certas para você, especialmente se estiver procurando por amor ou amigos. Queime sua resina como incenso para habilidades psíquicas e para se conectar com espíritos. Associado a Mercúrio.

MIL-EM-RAMA (*fólio Achilleamille*): conhecida como "mil-folhas" e "milefólio", este membro da família *Asteraceae* produz cachos altos de pequenas flores brancas. Erva protetora, que alivia sentimentos depressivos, causando mudanças energéticas em direção a uma vibração mais elevada e pacífica. Usada na magia do amor, na metamorfose, na adivinhação do caminho da alma e na premonição. Suas flores podem curar feridas e dizem até que estancam o sangramento. Queimada como incenso pode induzir ao transe. Conectada a Cernunnos e ao povo das fadas.

Miosótis (*gênero Myosotis*): as lindas flores azuis da planta miosótis têm uma energia suave e edificante. Ajudam com todos os tipos de poderes mentais, incluindo foco, memória e saúde mental. Também ajudam a encontrar perspectiva e simplicidade, alinhando mente, corpo e espírito. Planta sada na magia do amor e para o sucesso. Associada a Perséfone e Zeus.

Noz-moscada (*Myristica fragrans*): é teorizado que Nostradamus usou noz-moscada, entre outras ervas, para adivinhação e habilidades psíquicas. Originária de ilhas tropicais no sudeste da Ásia, seu aroma quente e picante é encontrado em produtos assados, como torta de abóbora e biscoitos chai. Acalma os nervos, alivia a insônia e problemas digestivos e traz sorte, aumenta a felicidade e bane a negatividade. Dá mais confiança, concentração, recomeço, riqueza, arte e poder. Levemente alucinógena, também possui aspecto espiritual, promovendo projeção astral, maior conexão com a intuição, sonhos lúcidos, visões e adivinhações. *Macis*, um tempero feito da cobertura de sementes de noz-moscada, pode ser queimado como incenso para aumentar as habilidades psíquicas e aguçar a mente. Evite ingerir grandes doses de noz-moscada e *macis,* que podem ser tóxicas. Sagrado para Munsin e Oyá.

Salsinha (*Petroselinum crispum*): erva verde e folhosa, encontrada em toda a Europa e nas Américas. Os antigos gregos teciam guirlandas que adornavam os atletas vencedores e os romanos usavam um raminho para protegê-los contra a morte, mas a erva também está associada à morte e aos ritos funerários. É uma erva versátil para aumentar a saúde. Magicamente, é usada para poder, riqueza, paixão, estatura social, força, adivinhação, purificação e limpeza. Associada ao herói grego Archemorus, que, segundo diziam, superava até a morte. Quando ele finalmente morreu, a salsa brotou onde seu sangue caiu. Sagrado para Perséfone.

Sálvia (*Salvia officinalis* ou *S. lavandulifolia*): esta planta herbácea da família das mentas fornece acesso à clareza mental e à sabedoria. A sálvia amplifica a voz interior e a intuição. Ela eleva, limpa e ativa os chakras superiores e inferiores, criando serenidade e uma iluminação fundamentada. Pode ser usada na magia do dinheiro e para remover bloqueios energéticos. Muitas vezes é queimada para fins divinatórios e para fornecer proteção, especialmente contra espíritos. Associada aos espíritos ancestrais, Athena, Gaia, Rhiannon e Júpiter.

Samambaia (*Polypodium vulgare*): essas plantas, com suas folhas cheias de babados, sobreviveram por eras sem mudar. As folhas são usadas para longevidade, sorte, proteção, riqueza e boa saúde. A fumaça da queima de folhas de samambaia exorciza os maus espíritos. Conectada com as fadas, Kamapua'a e Mercúrio.

Segurelha (*Satureja hortensis*): erva verde e perfumada, com caules finos e folhas delicadas que auxilia nas habilidades mentais, fortalecendo o foco e facilitando o insight. Conectada a Baco, Pan e Mercúrio.

Tomilho (*Thymus vulgaris* ou *T. serpyllum*): arbusto diminuto, de folhas minúsculas e perfumadas, que repelem insetos e têm propriedades antifúngicas e antibacterianas. Promove a saúde e alivia os sintomas do resfriado. Magicamente, o tomilho age de maneira semelhante – ele limpa a mente destruindo pensamentos e sentimentos indesejados. O tomilho ajuda a ser seu verdadeiro eu e a encontrar o chamado de sua alma. Também possui propriedades psíquicas e aumenta a intuição. Quando queimado como incenso, purifica e limpa um espaço, ajuda na adivinhação e promove a comunicação com os guias espirituais e as fadas. Também é sagrado para Hástia e Odin.

Trevo (*Trifolium pretensão* ou *T. repens*): o trevo é outra planta encontrada em quase toda parte. Geralmente tem três folhas, mas algumas mutações genéticas que ocorrem naturalmente podem produzir trevos de quatro folhas e um número maior de folhas no mesmo caule. Trevos com quatro ou mais folhas permitem poderes psíquicos e trabalho espiritual. As flores desta planta promovem a limpeza interna e a boa saúde geral. Magicamente, o trevo atrai riqueza, dinheiro, sucesso, força, amor, proteção, sorte e estatura social. É uma planta sagrada para as fadas, passar um tempo com ela pode ajudar na comunicação com esses seres. O trevo está ligado a Gwydion.

Vassoura de açougueiro (*Ruscus asculeatus*): os ramos destes arbustos também conhecidos como "sempre-viva" foram historicamente usados para fazer pequenas vassouras. Varra seu espaço mágico com um desses ramos para limpá-lo energeticamente e protegê-lo. A vassoura de açougueiro também pode ser usada na magia do clima – jogar um galho no ar agita os ventos, queimar um galho faz os ventos diminuírem. Às vezes um ramo é queimado para acalmar os nervos e aumentar os poderes visionários. Esta planta está ligada aos Deuses Amon, Ares, Júpiter e Marte. A Vassoura de Açougueiro não deve ser confundida com o arbusto venenoso giesta ou vassoura-espanhola, que tem flores amarelas.

Verbena (*Verbena officinalis*): também conhecida como *vervain*, a verbena tem cachos de minúsculas flores roxas e é conhecida como "erva do encantador". Assim como a hortelã, existem diversas variedades, sendo a mais comum a verbena-limão. Os druidas usavam coroas feitas da erva para proteção mágica durante os rituais. Sacerdotes e Sacerdotisas romanas faziam vassouras e varriam seus templos e altares com elas. A verbena é frequentemente preparada como um chá para aliviar dores de cabeça e promover o relaxamento. Repele insetos, ajuda na digestão e trata a depressão. Magicamente, é uma boa planta versátil. Eleva as emoções e as vibrações energéticas. Aumenta a intuição, a sorte, a inspiração, habilidade artística, riqueza, aprendizado, abundância, amor, fertilidade, paz, proteção, cura e força interior. Também pode ser usada na adivinhação e na atração de espíritos. Sagrada para as fadas – se você adicionar chá de verbena ao seu banho, sonhará com elas. Associada com Cerridwen, Deméter, Diana, Epona, Hermes, Ísis, Júpiter, Juno, Marte, Mercúrio, Perséfone, Thor e Vênus.

VISCO (*Álbum de viscum* ou *Phoradendron flavescens*): arbusto venenoso e perene, com bagas vermelhas ou brancas. Planta parasita, tira a vida de qualquer árvore caso ele cresça sobre ela. Por não ser inteiramente do elemento Terra ou do Ar, é visto como uma planta liminar, existente entre os estados. Tradicionalmente, é usado para limpar a energia negativa do ano velho e dar as boas-vindas ao ano novo. Na magia é usado para fertilidade, caça, proteção e amor. Um beijo sob o visco supostamente garante o amor eterno. Esta planta também aumenta a comunicação positiva, bons sonhos e confiança. Conectado à Arianrhod, Asclépio, Balder, povo das fadas, Freya, Júpiter, Loki, Odin, Vênus e Zeus.

Árvores

Muitas religiões Pagãs acreditam que as árvores são espíritos antigos com grande sabedoria e poder. Considere usar uma varinha feita de uma das árvores desta seção se você valoriza o intelecto, a comunicação, o aprendizado e o trabalho espiritual acima de outros propósitos mágicos. Quase todas as partes de uma árvore podem ser usadas em trabalhos mágicos ou para incenso, incluindo folhas, flores, bagas, sementes, madeira e casca (exceto as árvores que são venenosas, é claro).

Se for colher qualquer coisa de uma árvore para usar em sua magia, sempre o faça com reverência ao espírito da árvore. É sábio seguir o folclore comum de perguntar à árvore três vezes e receber uma resposta positiva a cada vez para garantir a permissão da árvore. Considere dar à árvore um presente de água em troca.

Abeto (*Abies amablis, A. balsamea* ou *A. concolor*): sempre-viva alta, associada à adivinhação, ao crescimento espiritual, ao Outromundo, à transformação, proteção e aos espíritos. Pode aumentar os poderes mentais, como memória, inteligência, percepção e aprendizado. Sua resina é frequentemente colhida de suas pinhas para incenso. Conectado com Adonis, Ártemis, Athena, Bacus, Boruta, Cybele, Diana, Dziwitza, Frigg, Idunn, Inanna, Ísis, Osíris, Pan, Perséfone e Rhea.

Acácia (*Acácia arábica*): nativa de áreas tropicais, a madeira aromática da acácia é frequentemente usada em fogueiras sagradas. Altamente protetora e é útil para magia envolvendo dinheiro e amizade. Sua seiva, conhecida como "goma arábica", produz um incenso doce e perfumado usado para limpeza, trabalho psíquico e espiritualidade. Árvore sagrada para Astarte, Diana, Ishtar, Krishna, Osíris e Rá.

Anis-estrelado (*Illicum verum*): árvore perene, composta de vagens em forma de estrela, com sementes marrons aromáticas, que são comumente usadas na panificação. Na magia, o anis-estrelado dá ao praticante maior autoridade e poder, aumenta as habilidades de adivinhação e adoça qualquer feitiço, concedendo energia positiva e bênçãos. Associado a Apollo, Mercúrio, Oyá e Xi Shi.

Aspen (*Populus tremuloides*): tipo de álamo com casca branca e folhas em forma de coração. Ajuda na comunicação, especialmente sobre as emoções. Aumenta a sensibilidade e a conexão com a intuição e também protege e está associada ao Submundo. Esta árvore está conectada com Apollo, Danu, Frigg, Gaia, Hécate, Hermes, Morrighan, Odin, Perséfone e Zeus.

Avelã (*Corylus avellana* ou *C. americana*): as aveleiras e arbustos são identificáveis por suas folhas resistentes, alternadas e dentadas e casca lisa marrom-clara. Associado à sabedoria, sorte, amor, beleza, intuição, criatividade, fertilidade e à capacidade de convocar e atrair. Comer avelãs aumenta o poder mágico, especialmente de adivinhação e clarividência. Árvore sagrada para Afrodite, Arianrhod, Ártemis, Boann, Danu, Diana, fadas, Mabon, Manannan, Mercúrio, Ogma, Silvanus, Thor e Vênus.

AZEVINHO (*Ilex aquifolium, I. opaca* ou I. *verticillata*): a família do azevinho tem árvores, arbustos e trepadeiras com folhas verdes escuras e espinhosas e bagas vermelhas. O azevinho promove o Espaço Sagrado, abre o Chakra da Coroa e fornece conexão com o mundo dos Deuses e espíritos. Ele libera bloqueios mentais e esclarece a mente. Também fornece proteção contra danos, sejam eles físicos, emocionais, mentais ou sobrenaturais. Tenha cuidado com as bagas do azevinho, pois elas são levemente venenosas. Associado com Ares, Cailleach, Cernunnos, Dagda, Danu, o povo das fadas, Faunus, Freyr, Gaia, o Homem Verde, Hel, Holle, Lugh e Saturno.

BENJOIM (*Styax benjoim*): árvore indonésia, alta, de delicadas flores brancas. A resina desta árvore é comumente queimada como incenso e tem um aroma doce, quase como o da baunilha. A fumaça do benjoim remove a energia estagnada e purifica os ambientes. Muito usado em magia para prosperidade.

BORDO (*Acer campestre, A. saccharum* ou *A. rubrum*): árvore de folhas lobadas e distintas, com cinco a sete pontas. Representa abundância, prosperidade, equilíbrio, família, apoio, sabedoria e amor sem fim. Como tal, os bordos são acréscimos adoráveis aos bairros ou a qualquer lugar que deseja promover o crescimento positivo da comunidade. A Maple produz um xarope doce que pode ser usado na culinária e na panificação para aumentar os laços familiares. Conectado a Athena, Nanabozho, Rhiannon e Vênus.

Carvalho (*Quercus robur, Q. alba* ou *Q. velutina*): árvore majestosa com galhos fortes e extensos e raízes elevadas. Essas características tornam clara a associação do carvalho com o Outromundo. Reverenciado pelos Druidas, o carvalho também está profundamente ligado ao povo das fadas. Magicamente, é usado para poder, bênçãos, cura, coragem, longevidade, proteção, conhecimento, inspiração, trabalho espiritual energético, fertilidade, força, sabedoria e profecia. O carvalho também está ligado a muitos Deuses, incluindo Aegir, Ártemis, Asherah, Balder, Brigid, Ceres, Cernunnos, Cerridwen, Cybele, Dagda, Demeter, Dôn, Donar, Fortuna, o Homem Verde, Hades, Hélio, Hera, Janus, Júpiter, Morrighan, Odin, Pan, Perun, Taara, Taranis, Thor, Rhea e Zeus.

Cedro (*Cedrus libani See More* ou *Cedrus atlantica*): gigante perene e aromático, que elimina a negatividade com facilidade e aumenta a sorte, especialmente quando queimado como incenso. Magicamente, promove força, paz, adivinhação e trabalho espiritual. Associado às divindades Aegir, Arianrhod, Ártemis, Astarte, Baal, Brigid, Ea, Enki, Odin, Osíris, Perséfone e Rá.

Crataegus (*Crategus monogyna* ou C. douglasii): conhecido como "espinheiro-branco", o crataegus produz cachos de bagas vermelhas. Devido às suas flores espetaculares que desabrocham em toda a árvore por volta de maio, também foi chamada de "árvore de maio". Associado à família, ao amor, à fertilidade e aos ciclos da vida. Auxilia na criatividade, na felicidade, no renascimento e purificação. Protege contra magia maléfica. Ligado a Belenos, Brigid, Cardea, Dagda, Danu, povo das fada, Frigg, Hera, Olwen, Prometeu, Thor e Zeus.

Eucalipto (*Eucalyptus obliqua*): nativo da Austrália, o eucalipto tem caule lenhoso e folhas com aroma mentolado. Abre os seios da face, trata sintomas de doenças e repele insetos. Magicamente, as folhas são usadas para purificação, proteção, saúde e cura. Associado a Mercúrio.

FIGUEIRA-DE-BENGALA (*Ficus bengalensis*): árvore bonita e extensa, também conhecida como "Árvore Bodhi". Está associada ao despertar, à iluminação, à magia, ao aprendizado, à sabedoria, ao Submundo, morte e espiritualidade. Ligado a Brahma, Krishna, Shiva, Vishnu e Yama.

GINKGO (*Gingko biloba*): árvore distinta, com suas folhas em forma de leque, considerada a árvore mais antiga da Terra, pois permaneceu inalterada nos últimos 200 milhões de anos. As folhas de Ginkgo aumentam o foco mental e a inteligência. Também facilita a comunicação com o mundo espiritual. Associado à divindade e ao espírito em todas as suas inúmeras formas e é especialmente útil ao fazer magia animista.

HAMAMÉLIS (*Hamamelis virginiana See More* ou *H. vernalis*): arbusto que floresce no inverno com pequenas flores amarelas e promove saúde e cura. Seu nome vem da palavra do inglês médio *wych*, que significa "flexível", uma referência aos seus ramos. O tônico de casca de hamamélis trata os olhos e limpa a pele. Magicamente, é uma boa erva para proteção, amor, adivinhação e inspiração criativa. Associada à Hécate.

LILÁS (*Syringa vulgaris* ou *S. baibelle*): árvore arbustiva, que produz cachos gigantes de flores roxas, azuis e brancas com aromas florais inebriantes. O lilás auxilia em todos os tipos de processamento mental, incluindo o poder da imaginação, recebimento de informações e criatividade. Usado para harmonia, adivinhação e para ajudar na mudança de forma. Conectado ao povo das fadas, Pan e a ninfa Syringa.

LOUREIRO (*Laurus nobilis*): arbusto ou árvore perene que auxilia no trabalho psíquico, incluindo adivinhação, visões, clarividência, trabalho com sonhos, profecia e presságios. Bane a negatividade e dá clareza, paz e poder. Associado às fadas e à magia do clima. Suas folhas são frequentemente queimadas como oferenda. As divindades associadas ao louro são Adonis, Apollo, Ártemis, Asclépio, Balder, Ceres, Cernunnos, Dioniso, Fides, Gaia, Hélio, Krishna, Marte e Rá.

Maçã Silvestre (*gênero Malus*): as flores brancas e rosas desta árvore curam a mente de pensamentos repetitivos e da depressão. As flores da maçã silvestre removem suavemente as expectativas externas e promovem a autoaceitação, o amor-próprio e a autoestima. Elas também incutem maior apreciação da vida. Associada a Odin, Nimue e as divindades ligadas à macieira.

Macieira (*Malus domestica*): frequentemente chamada de "Árvore da vida após a morte" e "Árvore do Outromundo". Associada a desafios, criatividade, sucesso, riqueza, poder, magia e adivinhação. E à Afrodite, Apollo, Badb, Cailleach, Diana, Eros, as fadas, Flora, Freya, Hera, Idunn, Lugh, Mabon, Macha, Manannan, Pomona, Rhiannon, Vênus, Vertumno e Zeus.

Mirra (*Commiphora myrrha*): a seiva deste arbusto espinhoso é usada para criar resina de mirra. Quando queimada, cria um aroma doce e escuro. A mirra é usada para equilibrar a energia, limpar e purificar. Também é ótima para aumentar o sucesso e a abundância, auxilia na manifestação, na proteção e no aumento dos poderes psíquicos. Associada a Adonis, Afrodite, Bast, Cybele, Deméter, Hécate, Ísis, Juno, Rá, Rhea e Saturno.

Noz (*Juglans nigra* ou *J. cinera*): árvores decíduas gigantes, que facilitam experiências psíquicas poderosas, viagens para o Outromundo e magia do clima. Walnut também carrega a energia das bênçãos, riqueza, poder mental, fertilidade, clareza, transformação, inspiração e purificação. Sagrada para Afrodite, Apollo, Ártemis, Astarte, Car, Carmenta, Carya, Diana, Dionísio, Júpiter, Reia, Thor, Vishnu e Zeus.

Olíbano (*Boswellia sacra*): pequena árvore de folha caduca que cresce nas regiões quentes do Leste do mundo. Sua seiva é colhida como resina de incenso. Quando queimado, o incenso purifica e protege contra a energia negativa, cura a ansiedade, aumenta a consciência e fortalece o poder de qualquer magia. Também é usado em clarividência, adivinhação e trabalho espiritual, como projeção astral e necromancia. Planta sagrada para Baal, Bast, Hélio, Krishna e Rá.

Sabugueiro (*Sambucus canadensis*): também conhecida como *Witchwood*, a "Árvore da Bruxa" e a "Árvore das Fadas". O arbusto sabugueiro é um espetáculo durante quase o ano todo, com características de donzela, mãe e anciã. Toda primavera ele produz belos cachos de flores brancas, que quase superam em número as folhas. Magicamente, as árvores mais velhas são usadas para proteção, compaixão, crescimento, prosperidade, cura, fidelidade, estatura social, riqueza, paz, comunicação e sabedoria. Podem aumentar a capacidade psíquica, a espiritualidade e a capacidade de adivinhar. Sagrado para Berchta, Boann, Cailleach, Dagda, Danu, o povo das fadas, Freya, Freyr, Gaia, Hel, Holle, Rhea, Vênus e Vulcano.

Sândalo (*álbum Santalum*): graciosa árvore tropical de fragrância amadeirada, com cheiro doce e levemente picante. Usado como incenso para elevar e despertar o espírito ao mesmo tempo que acalma as emoções. O sândalo aumenta a clarividência e a adivinhação e também pode ser usado para comunicação espiritual. Atualmente, está vulnerável à extinção, por isso é aconselhável não o usá-lo muito. Associado a Durga, Hathor, Kali, Oyá, Tara e Vênus.

Teixo (*Taxus canadensis* ou *T. baccata*): sempre-viva de folhas macias e agulhas curtas, frutos verdes semelhantes a bolotas e pequenas bagas vermelhas em forma de taça. Conhecida como "árvore dos mortos", usada para viagens ao Outromundo, habilidades psíquicas, visões e comunicação com espíritos. Também se relaciona com a energia da mudança, da força, da longevidade, da magia e da proteção. Pode ser queimado para adivinhação, mas nunca deve ser consumido, porque todas as partes da árvore são venenosas. Esta árvore está associada a Ártemis, Astarte, Badb, Banba, Cailleach, Dagda, Dione, Dôn, Hécate, Hel, Hermes, Holle, Loki, Lugh, Odin, Perséfone e Saturno.

TÍLIA (*Tilia eruopaea, T. americana, T. glabra* ou *T. canadensis*): árvore de folha caduca gigante, que tem uma folha assimétrica, delicadas flores brancas e pequenos frutos pendurados, que se formam a partir de uma projeção pálida semelhante a uma folha. A Tília aumenta toda a magia e é frequentemente usada na atração, magia do Amor, criatividade, cura, paz e sorte. Também é usada para adivinhação, trabalho com sonhos e visões. Esse árvore é sagrada para Arianrhod, as fadas, Freya, Frigg, Odin, Ostara, Phylira e Vênus.

Oléos Essencias

Os óleos essenciais são uma ótima alternativa ao incenso. Eles permitem que você inale os óleos voláteis puros das plantas sem os efeitos nocivos da fumaça. Assim como o incenso, os óleos essenciais usam o olfato e são muito sugestivos. Embora qualquer óleo essencial possa ser usado para invocar o elemento Ar, os óleos específicos das plantas listadas neste capítulo são ainda mais eficazes. Use-os para aumentar sua capacidade de aproveitar a Magia do Ar.

Uma das melhores maneiras de usar óleos essenciais topicamente é diluí-los em um óleo carreador e aplicá-los ao corpo. O óleo essencial diluído é um ótimo óleo de massagem e perfume. Pontos de pulsação como pescoço, pulsos, têmporas e a parte de trás dos joelhos aquecerão o óleo e o estimularão a se difundir. As diretrizes variam sobre a diluição de óleos essenciais, com diferentes fontes dizendo que é apropriado de três a vinte e cinco gotas de óleo essencial por 30 ml de óleo carreador. Procure o óleo essencial individualmente e tenha cuidado no caso de uma reação alérgica se desenvolver. Se sua concentração parecer segura e você quiser um óleo com cheiro mais forte, aumente a quantidade de óleo essencial um pouco de cada vez.

Uma ótima maneira de usar óleos essenciais, especialmente para fins específicos da Magia do Ar, é criar um borrifador de óleo essencial em um frasco de spray. Adicione dez a vinte e cinco gotas de óleo essencial a 60 ml de água purificada, agite e borrife. Se possível, use uma garrafa de vidro para evitar a degradação do plástico.

Outra maneira de usar óleos essenciais é em um difusor. Os difusores usam ventiladores, calor ou vibração para volatilizar os óleos no Ar. Óleos essenciais também podem ser usados no carvão de incenso para criar uma forte explosão de aroma.

Tenha cuidado ao usar óleos essenciais, pois eles são extremamente fortes e podem irritar a garganta ou os pulmões. Animais de estimação são mais sensíveis a isso do que nós. Pesquise on-line para descobrir quais óleos não combinam com animais de estimação e aromatize com cuidado.

Infusões/chás de ervas

Uma maneira particularmente maravilhosa de apreciar as plantas associadas ao Ar é transformá-las em uma bebida. As propriedades mágicas das ervas comestíveis associadas ao elemento Ar comumente espelham seus benefícios para a saúde. Por exemplo, uma erva magicamente boa para a comunicação, como a flor de sabugueiro, muitas vezes sustenta a garganta e as vias respiratórias. Uma erva que é boa para aumentar magicamente os pensamentos positivos, como a hortelã, pode ser transformada em um chá de ervas que aumenta a perspectiva mental de uma pessoa. Fazer chá por si só é um ato mágico – para saber mais sobre isso, confira o feitiço do chá no Capítulo 11.

Beber chá é uma das melhores formas de absorver a energia da planta e aumentar o seu próprio poder. Além disso, não sei quanto a você, mas adoro preparar uma bebida e tomá-la ocasionalmente sempre que estou fazendo um trabalho mágico. Seja o chá gelado ou quente, ele sempre parece apoiar e animar o que eu faço. Outras maneiras de usar infusões de chá de ervas em sua magia é usá-las em frascos de feitiços, aromatizá-las no ar e usá-las em poções.

Seu Jardim do Ar

Se você gosta de jardinagem, tente cultivar suas próprias plantas, ervas e árvores. Observar a natureza e a energia da planta viva pode lhe dar maior compreensão sobre ela. Se não for possível ter um jardim tradicional, imagine que você tem um pequeno jardim com as plantas que usa regularmente. Segure-as e visite-as em meditação para aprender sobre elas.

Para realmente gostar de trabalhar com essas plantas, combine-as com outras correspondências do Ar em sua magia. Por exemplo, para aumentar sua inteligência, beba um chá de hortelã-pimenta ao amanhecer em um andar elevado de uma biblioteca universitária enquanto estuda. Para aguçar o poder da palavra falada, caminhe até o topo de uma colina enquanto Mercúrio estiver em Gêmeos, acenda uma vela azul, segure uma folha de álamo e diga sua verdade ao vento. Ao combinar essas correspondências com suas práticas de Magia do Ar, você pode se alinhar mais facilmente com a verdadeira natureza deste elemento e aumentar sua chance de sucesso.

but
Since
revolutions from
when

Capítulo 7

CRISTAIS E PEDRAS DO AR

A HISTÓRIA REVELA A RICA CONEXÃO entre os primeiros humanos e as pedras preciosas. Cristais de quartzo foram encontrados em cemitérios que datam de 75.000 AEC. Da mesma forma, foram encontradas decorações de ametista que datam de 25.000 AEC e lápis-lazúli e quartzo foram trabalhados pela primeira vez em joias no sétimo milênio AEC. Essas ações ocorreram quando a mentalidade humana predominante era o animismo – os primeiros humanos associavam essas pedras a energias, inteligências e um espírito únicos. Hoje, nosso amor pelas pedras preciosas continua, com maior acesso a uma abundância de tipos de cristais e minerais do que nunca.

Certas pedras preciosas, minerais e metais estão associados ao elemento Ar. Pode parecer estranho correlacioná-los com este elemento por serem tão densos; no entanto, faz sentido se considerar que eles carregam uma frequência que ressoa dentro do elemento mágico do Ar. As rochas e metais deste capítulo podem ser usados em sua prática mágica para ajudá-lo a se concentrar, a se comunicar e a expandir sua consciência. Muitas das pedras e metais neste capítulo ativam o Chakra da Garganta ou o Chakra do Terceiro Olho. Outros elevam a energia de alguém à frequência mágica do Ar.

Uma das minhas formas favoritas de trabalhar com esses materiais é alinhar minha energia com sua estrutura interna. Eu seguro um cristal ou um pedaço de metal e imagino que posso ver a estrutura interna de uma de suas moléculas. Cada objeto cristalino e metálico na Terra é feito de milhões de moléculas, que são empilhadas umas sobre as outras para formar uma rede, resultando em uma peça maior. Com os olhos da mente, imagine ver esta estrutura tridimensional. Pode parecer quadrado, retangular, piramidal, romboidal ou outra forma geométrica. A estrutura molecular do cristal é importante, porque define sua vibração. Permita que sua energia pessoal mude para seguir o mesmo padrão vibratório do objeto. Deixe que isso afete sua postura e respiração. Se estiver trabalhando com um cristal que tem uma ponta, como um cristal de quartzo criado naturalmente, terá o benefício adicional de poder alongar sua vibração com o ponto. Uma variação interessante disso é se imaginar dentro da malha cristalina, como uma espécie de caverna de meditação.

Outra maneira de trabalhar com esses materiais é colocar sua energia neles para programá-los para reverberar com seu desejo. Faça isso concentrando-se em seu desejo e segurando a pedra. Imagine sua energia indo para o cristal até que esteja saturada com ele. A pedra atuará como um farol para espalhar essa energia. Recarregue-a com sua intenção quando sentir que a energia não está transmitindo sua mensagem com a eficácia que deseja.

Ainda outra maneira de trabalhar com pedras é segurar uma e sentir qual parte do corpo ela estimula. A pedra aumentará naturalmente a energia daquele local e vai corrigir quaisquer desequilíbrios. Simplesmente segurar um cristal em meditação ou carregar um irá afetá-lo. Mantenha a pedra perto de seu corpo sempre que possível – use-a como joia ou guarde-a no bolso para levar a energia com você.

Minerais, Rochas, Cristais e Pedras do ar

Ametista: esta forma violeta de quartzo purifica e protege, especialmente no que diz respeito à mente. Seu nome vem da palavra grega *amethystos*, que significa "não embriagado". Promove pensamento claro, lógica e bom julgamento. Também elimina dores de cabeça e melhora a memória e a inteligência. A ametista é uma boa pedra de meditação, promovendo habilidades psíquicas, bem como uma vida mais espiritual. É conhecida como uma pedra real e foi destaque em muitas coroas medievais. Devido às suas qualidades estabilizadoras de emoções ela também está associada à água e corresponde ao signo do Zodíaco Aquário, ao planeta Netuno e às divindades Baco, Diana, Dionísio, Justitia e Vênus.

Apofilita: cristal claro edificante pode parecer quartzo à primeira vista, mas tem uma estrutura e energia diferentes. Ela naturalmente eleva, expande e fortalece a mente. Promove o pensamento cristalino, organizando pensamentos e informações e trazendo novas ideias e percepções. Apofilita estimula todos os aspectos da mente e o Chakra do Terceiro Olho.

Aventurina: este lindo quartzo verde-escuro tem inclusões cintilantes de mica. Estimula a mente, aumentando a inteligência, a capacidade analítica e a criatividade. Considerada uma pedra da sorte, também promove riqueza e cura, especialmente para o coração. Aventurina é uma das pedras de nascimento de Câncer e Libra.

Caroíta: conhecida também como charoita: é uma pedra lilás ou violeta profunda com redemoinhos leitosos. Esta pedra suave dissolve obstáculos mentais como medo e limitações autoimpostas. Capacita a visão e o pensamento alinhados à alma e alinha a pessoa com seu verdadeiro caminho.

Danburita: cristal transparente que pode parecer quartzo à primeira vista, mas que tem uma rede cristalina diferente. Carrega uma alta vibração, ativa habilidades mentais e espirituais e abre os chakras superiores. Também pode conectar pessoas com espíritos.

DIAMANTE HERKIMER: o cristal de quartzo de dupla terminação é uma excelente pedra para elevar os pensamentos e clarear a aura. Auxilia no desenvolvimento da consciência e no despertar de poderes psíquicos, especificamente na clarividência e na clariaudiência.

FLUORITA: pedra que tem uma ampla gama de cores, incluindo violeta, verde e transparente. A fluorita forma minúsculos cristais tetraédricos. Esta pedra estimula a mente, aumentando a ordem e esclarecendo os pensamentos e amplifica a habilidade de outras pedras ao seu redor, por isso é uma boa pedra para usar em grades. A fluorita corresponde ao planeta Netuno.

LÁPIS-LAZÚLI: linda pedra azul profundo com manchas de pirita dourada. Pode ser composta por vários minerais diferentes, o que torna cada peça única. Esta pedra auxilia nas habilidades psíquicas e na comunicação com os espíritos e os Deuses, estimula uma mente clara, soltando pensamentos reclinados e permitindo que a mente se concentre melhor, elimina dores de cabeça e melhora o humor. Conectado com Touro e com o planeta Júpiter.

LEPIDOLITA: pedra roxa brilhante que contém várias facetas de mica. Traz suavemente habilidades psíquicas e promove uma mente clara. A lepidolita também auxilia em empreendimentos espirituais, equilíbrio, paz e sorte.

MICA: os minerais de mica podem ser encontrados sozinhos ou em muitas outras pedras. As peças maiores parecem folhas prateadas que podem ser descascadas com uma unha. Cristais menores são frequentemente embutidos em outras pedras, o que aumenta seu brilho ou luminosidade. A mica facilita a adivinhação e as habilidades psíquicas. Também revela a verdade de uma situação.

Moldavita: pedra verde vítrea criada quando um asteroide atingiu a Terra e esfriou rapidamente. Carrega uma vibração extremamente alta e abre o Chakra da Coroa. A moldavita é predominantemente usada para experiências psíquicas e espirituais, incluindo projeção astral, adivinhações e visões.

Opala (branca): chamado de "rainha das pedras preciosas" por Shakespeare, este mineral de cor clara tem flashes de opalescência que podem incluir um arco-íris de cores. Magicamente, as opalas estimulam a projeção astral, protegem o usuário e ampliam o poder psíquico. Elas foram reverenciados pelos romanos como uma pedra de esperança e amor. Também conhecida como a "pedra dos ladrões", devido a sua capacidade de tornar o usuário invisível. É correlacionada com Libra, Peixes, o planeta Netuno e o Deus Cupido.

Pedra-pomes: pedra cinza que parece uma esponja devido a todos os seus pequenos orifícios, que são criados quando a lava entra em contato com o ar e esfria rapidamente, criando pedras com bolsas de ar. As pedras-pomes são tão leves que flutuam. Elas ajudam a purificar a energia e a se elevar acima das emoções negativas.

Quartzo (fumado): o quartzo-fumê tem a mesma forma do quartzo claro, com alguns tons mais escuros devido à radiação natural do silício em sua formação. Esses lindos cristais podem ser cinza, marrom, preto, translúcido ou opaco. Uma pedra poderosa, que tem as mesmas propriedades do quartzo transparente e também remove a negatividade da aura e auxilia no aterramento da energia negativa e na amplificação da energia positiva, o que cria um campo energético seguro para o usuário.

Quartzo (transparente): cristais de quartzo claros são um dos cristais mais populares, porque são muito adaptáveis a todos os tipos de magia. Estão associados ao elemento Ar devido à sua capacidade especial de abrir a mente e promover a consciência mental e espiritual. Apenas segurar um fornece maior clareza, purificação e cura. Também ativam habilidades psíquicas, poder e visões. Associado com o povo das fadas.

Quartzo-turmalinado: essa combinação de quartzo claro e fragmentos de turmalina-negra protege, aterra e eleva a energia nos reinos espirituais. Também elimina a negatividade e promove habilidades psíquicas e projeção astral.

Selenita: mineral branco, claro, seu brilho interno faz parecer que está brilhando de dentro para fora. Sua energia espiritual a relacioa com os Chakras do Terceiro Olho e da Coroa. Os antigos gregos lhe deram o nome de "Selene, a Deusa da Lua". Pedra associada à Deusa Luna.

Sodalita: pedra azul profundo com estrias de calcita branca. Use-a sempre que quiser se expressar melhor. A sodalita capacita as pessoas a encontrar poder vocal e as palavras certas. É a pedra perfeita para usar quando está escrevendo, criando música ou tendo uma conversa profunda. Também é boa para meditação e cura da garganta. Associada ao signo de Sagitário.

Titanita: também conhecida como esfena, este raro cristal de titânio transparente tem uma ampla gama de cores, incluindo vermelho, laranja, amarelo e verde. Pode aumentar os poderes da mente, o pensamento analítico, a concentração, a inteligência e a comunicação. A titanita é associada à meditação e auxilia nos empreendimentos espirituais.

Ulexita: cristal ultratransparente e de ocorrência natural às vezes chamado de "pedra da visão" ou "pedra televisão", porque melhora a aparência de qualquer objeto plano sobre o qual é colocado. A ulexita não projeta bem a energia, mas pode ser usada para sintonizar a energia de alguém com o elemento Ar.

Metais

ALUMÍNIO: metal leve e prateado, flexível e adaptável. Por ser usado em peças e bagagens de aviões, costuma ser utilizado em magia de viagem. Também está ligado à conexão, à mente e ao poder.

ESTANHO: metal leve e adaptável, útil para todos os tipos de trabalho. Parece prata, mas é bem mais leve e maleável. O estanho aumenta a sorte, a riqueza e a capacidade de adivinhar o futuro. Também está ligado ao dinheiro e à luxúria.

Limpeza e Carga Energética de Cristais e Pedras

Limpe seus cristais e pedras regularmente para garantir que estejam livres de qualquer outra energia. Uma das melhores maneiras de fazer isso é com uma respiração de limpeza. Concentre-se no elemento Ar dentro de você e respire fundo. Sopre na pedra e visualize sua respiração removendo qualquer energia remanescente nela.

Uma vez que uma pedra foi limpa, é uma boa ideia carregá-la. Uma das formas mais comuns de carregar os cristais é pela luz da Lua ou luz do Sol, para que eles absorvam a energia desse corpo celeste, como um painel solar. Você também pode carregar energeticamente cristais com sua mente, concentrando-se em uma palavra ou um sentimento. Olhe para a pedra, visualize seus pensamentos e programe-a com esta energia.

Carregue uma pedra ou cristal energizado com você para sustentar sua energia. Procure manter o cristal acessível para o uso diário. Use-o em trabalhos mágicos para torná-los mais poderosos.

Claro como Cristal

Sempre que precisar de um impulso de Magia do Ar, pedras e metais são um ótimo recurso. Eles podem elevar a energia de sua magia e ajudá-lo a obter os resultados desejados. Quando não estiver em uso, armazene seus cristais, em seu santuário do elemento Ar ou em seu altar central para fortalecê-los com essa energia.

but
Since
revolutions from
y when θ =

Capítulo 8

ANIMAIS GUARDIÕES DO ELEMENTO AR

VER UMA CRIATURA VOANDO é sempre uma experiência emocionante para mim. Seja um abutre, um morcego, um beija-flor, uma mariposa, há certa graça em seus voos. Eles comandam o Ar ao seu redor, sabendo que quando saltam de um galho, têm o poder de varrer o Ar sob suas asas e subir ao céu. Talvez essas criaturas voadoras sejam tão fascinantes, porque os humanos não podem voar sem máquinas ou equipamentos, ou, talvez, seja porque evocam um sentimento leve e edificante dentro do nosso coração. Seja o que for, sou grata por compartilhar o ar com esses mestres do mundo aéreo.

As Aves e a Ornitomancia

Desde tempos antigos, as pessoas associam pássaros com diferentes significados. Esse tipo de adivinhação é chamado de "ornitomancia" e é a maior categoria de augúrio existente. Foi praticada por várias culturas antigas, incluindo os mesopotâmicos, egípcios, gregos, romanos e celtas. Era tão popular em Roma e no Império Maia, que cada civilização tinha uma faculdade inteira dedicada a ensinar os Sacerdotes a interpretar os presságios. Esses ensinamentos focaram fortemente sobre o movimento e os gritos dos pássaros. Sinais de pássaros eram tão importantes para os romanos que exércitos inteiros esperavam para prosseguir até que os pássaros dessem um sinal favorável.

A ornitomancia é interpretada como o destino ou a vontade dos Deuses. Muitas culturas pensavam que os presságios dos pássaros eram melhores do que os de qualquer outro animal. Alguns acreditam que é porque os pássaros voam mais perto dos Deuses e dos espíritos que residem no ar e nos céus. Outra crença é de que os pássaros são recipientes perfeitos para presságios, porque suas naturezas são reacionárias, como o vento. Algumas culturas associam os pássaros ao voo de um espírito no momento da morte. Todos esses conceitos se alinham com as qualidades do elemento Ar.

Esta seção contém informações sobre algumas das aves mais comuns, suas características e suas interpretações históricas. Se o seu desejo for o de praticar ornitomancia, peça um sinal e veja qual pássaro cruza seu caminho. De um modo geral, um comportamento estranho é mais significativo do que um normal, como ver uma coruja durante o dia. Da mesma forma, ver um pássaro raro é um presságio mais importante do que ver um pássaro comum. Os pássaros vistos voando à direita eram considerados um sinal de resultados positivos. Pássaros voando à esquerda significava atrasos e problemas. Se um pássaro voa em sua direção, é sinal de que coisas boas vão acontecer. Pássaros voando para longe de você, significa que não haverá oportunidades para esse assunto. Outros bons presságios incluíam pássaros voando alto, pássaros cantando enquanto voavam ou ver um bando de pássaros. Se nenhum pássaro aparecer em sua linha de visão, os Deuses podem não estar interessados o suficiente para se manifestarem no momento. Tente novamente mais tarde ou procure outra forma de adivinhação.

Significados Tradicionais dos Pássaros

Abutres: acredita-se que os abutres predizem a morte. Na guerra, o comprimento de sua fuga representava quantos soldados morreriam. É considerado boa sorte se os sinais indicarem que as mortes estarão do outro lado. Abutres costumam ser associados à Deusa Nekhebet, à proteção de crianças e mães, à vida após a morte, à confiança, ciclos, paciência, purificação, transformação, renascimento e mudança de forma. Eles também estão ligados a Apollo, Ares, Hathor, Ísis, Maat, Marte, Néftis, Tiamat e Zeus.

ÁGUIAS: consideradas pelos romanos sinal de prosperidade e boa sorte. Se várias águias aparecerem, seus padrões de voo podem ser observados para estratégia em qualquer assunto indagado. Magicamente, correspondem a prosperidade, guerra, clareza, respeito, iluminação, liberdade, força, intuição, justiça, ativação, metamorfose, longevidade, confiança, magia, sabedoria, motivação, oportunidades, autoridade, sucesso, paz, verdade, trabalho espiritual e espiritualidade, purificação, coragem, renovação, paixão e consciência. As águias correspondem a Agni, Ares, Belenos, Ísis, Júpiter, Justitia, Lugh, Odin, Pan e Zeus.

ALBATROZES: desafios, finais, viagens, resistência, liberdade, paciência, transformação, busca, espiritualidade e força.

ANDORINHAS: má sorte para alguns; no entanto, estão associadas a espíritos domésticos benéficos. Representam comunidade, fertilidade, cura, lar, manifestação, esperança, proteção, renovação e amor. Estão conectadas com Afrodite, Inanna, Ísis e Rá. As divindades que correspondem aos corvos incluem Amaterasu, Asclépio, Athena, Badb, Buda, Cailleach, Hel, Macha, Maeve, Mitras, Morrighan, Rhiannon e Saturno.

AZULÕES: realização, despertar, transformação, mudança, confiança, criatividade, fertilidade, amor e motivação.

BEIJA-FLORES: sorte, equilíbrio, sensatez, força, beleza, proteção, resistência, perdão, felicidade, viagens, fadas, cura, lar, trabalho espiritual, independência, saúde, inteligência, amor, motivação, otimismo e pureza.

Canários: fidelidade, felicidade, família e lar, despertares, beleza, amizade, cura, intuição, amor, sorte e espiritualidade.

Cardeais: lar, família, felicidade, equilíbrio, clareza, saúde, criatividade, amizade, intuição e amor.

Carriças: boa sorte e despertares, trabalho espiritual, força, adaptabilidade, purificação, confiança, resistência, poderes mentais, felicidade e assertividade.

Cegonhas: trazem sorte, novos começos, compaixão, renovação e renascimento, proteção, criatividade, riqueza, trabalho espiritual, devoção, fertilidade, longevidade, oportunidades e fidelidade.

Chapim: ação, despertar, equilíbrio, alegria, verdade, comunidade, fertilidade e poderes mentais.

Cisnes: sorte, despertar, equilíbrio, transformação, beleza, viagem, mudança, devoção, desejo, fidelidade, confiança, intuição, longevidade, graça, cura, manifestação, o Submundo, uma busca, inocência, amor, trabalho espiritual e espiritualidade. Os cisnes correspondem a Angus, Afrodite, Apollo, Bertha, Brahma, Brigid, às fadas, Manannan, Nêmesis, Njord, Sarasvati, Vênus e Zeus.

Condor: ação, cura, percepção, liderança, limites, manifestação, proteção, purificação, renascimento, trabalho espiritual e força.

Corujas: representam o Submundo, a sabedoria, o insondável, visão aguçada, o noturno e o misterioso. Muitas culturas as associaram com um aviso de morte quando vistas. Alguns acreditavam que o canto de uma coruja era um presságio de uma terrível calamidade ou infortúnio. Considerados pelos romanos como arautos da morte e da má sorte. Para os gregos, eram sinal de boa sorte. Também associadas à vida após a morte, poderes mentais, clariaudiência e clarividência, verdade, consciência, proteção, sonhos, trabalho espiritual, assertividade, iluminação, insight, intuição, metamorfose, inteligência, magia, proteção, a Lua, o Submundo, purificação, renascimento, clareza, reino astral e oportunidades. As corujas são sagradas para Ares, Ártemis, Asclépio, Athena, Cailleach, Hécate, Indra, Lakshmi e Minerva.

Corvos (grande porte): pássaros inteligentes e sagrados dos áugures. Sua aparência pode indicar um resultado positivo ou negativo. Eles se correlacionam com metamorfose, afeição, sabedoria, coragem, destino, cura, inteligência, clarividência, tristeza, magia, clareza, manifestação, mudança, renascimento, buscas, poderes mentais, oportunidades, o Submundo e proteção. Muitas divindades estão associadas aos corvos, incluindo Amaterasu, Apollo, Asclépio, Athena, Badb, Cailleach, Danu, Freya, Inanna, Lugh, Macha, Maeve, Marte, Mitras, Morrighan, Odin, Rhiannon, Saturno e Tiamat.

Corvos (pequeno porte, gralha): algumas culturas acreditavam que ver um corvo ou ouvir seu choro sempre trazia desastre ou algum mal com ele. Outras culturas acreditavam que um corvo grasnando prediz a chuva. Os corvos também são conhecidos por revelar traição. Se você vir um à sua esquerda, é azar; se estiver à sua direita, cautela. Faça um desejo quando vir um corvo planando. Se ele não bater as asas, seu desejo pode se tornar realidade. Ver dois corvos voando é considerado boa sorte. Magicamente, esses pássaros se relacionam com comunidade, espiritualidade, proteção, manifestação, destruição, lar, magia, inteligência, consciência, trabalho espiritual, mudança, sabedoria, criatividade, intuição, renascimento, vida após morte, longevidade, saúde, amor, adaptabilidade, motivação e oportunidades. Uma rima infantil popular que conta os corvos ou as pegas diz: "Um para tristeza, dois para alegria, três para uma menina, quatro para um menino, cinco para prata, seis para ouro, sete para um segredo guardado como um tesouro. Oito para um desejo, nove para um beijo, dez para um pássaro que não deve se perder no espaço!" Acredita-se que essa rima tenha se originado de um poema tradicional: "Um para tristeza, dois para alegria, três para um funeral, quatro para o nascimento afinal".

CUCOS: sinal de azar para algumas culturas. Isso provavelmente se deve ao fato de que eles matam filhotes de outras espécies e põem ovos em seus ninhos. Acredita-se que ouvir um canto de cuco do Sul ou do Oeste significa boa sorte. Do Leste, significa amor. Do Norte, azar. A primeira vez que ouvir um grito de cuco na primavera, verifique seus pertences. Se não tiver dinheiro, é sinal de muito azar. Associado à adaptabilidade, novos começos, engano, destino, justiça, oportunidade, trabalho espiritual e intuição. Também ligado a Atena, Hera, Juno e Pan.

FAISÕES: energia de atração, autoconsciência e confiança. Associados com Amaterasu.

FALCÕES: trazem boa sorte, especialmente se a adivinhação for para questões financeiras ou de relacionamento. Representam clareza, força, cura, inteligência, lealdade, busca e autoridade. Conectados a Freya, Frigg, Hórus, Quespisiquis, Néftis e Rá.

FLAMINGOS: ligados à abundância, transformação, equilíbrio, comunidade e estabilidade.

GAIOS-AZUIS: adaptabilidade, assertividade, coragem, habilidade, sorte, magia, oportunidades e o Submundo. Associado ao Deus Marte.

GAIVOTAS: transformação, vida após a morte, clareza, liberdade, viagem, amizade, inteligência, abundância, magia, trabalho espiritual, oportunidades, ação e purificação. As gaivotas são associadas à Afrodite, às fadas e a Njord.

GALINHAS: abundância, comunidade, renovação, trabalho espiritual e espiritualidade. O canto do galo denota boa sorte, saúde e proteção contra danos. Elas representam o despertar, confiança, coragem, energia solar, luxúria e otimismo. Estão ligadas a Amaterasu, Apollo, Ares, Attis, Cerridwen, Hélio, Hermes, Lugh e Mercúrio.

GANSOS: sinal de abundância, ação, comunidade, viagem, retorno seguro, busca, cooperação, fertilidade, lar, trabalho espiritual, espiritualidade, liberdade, felicidade, amor, motivação, Submundo e fidelidade. Os gansos são associados a Amon, Afrodite, Bertha, Brahma, Geb, Hera, Ísis, Juno, Odin, Osíris e Rá.

GARÇAS: sorte, abundância, trabalho espiritual, vida após a morte, proteção contra agressão, assertividade, reino astral, transformação, autoridade, sabedoria, equilíbrio, esperança, habilidade, inteligência, magia, lógica e oportunidades. Correspondem às fadas e ao Deus Amon.

GAVIÕES: boa sorte e sucesso, especialmente se aparecerem do seu lado direito. No entanto, testemunhar um falcão capturando uma presa significa que você sofrerá uma perda. Magicamente, se correlacionam com a vida após a morte, o reino astral, autoridade, habilidade, consciência, guerra, clarividência, verdade, clareza, sabedoria, coragem, poder, liderança, oportunidades e criatividade. Estão conectados com Cerridwen, Dagda, Danu, Hera, Hermes, Ísis, Mercúrio, Néftis e Rá.

GROUS: abundância, transformação, foco, criatividade, resistência, graça, equilíbrio, cura, justiça, viagens, inteligência, longevidade, reino astral, magia, lógica, Submundo, paciência, sabedoria, paz, trabalho espiritual, proteção, independência, saúde e renascimento/renovação. Também ligado a Apollo, Ártemis, Badb, as fadas, Hefesto, Hera, Lugh, Manannan e Morrighan.

MARTIM-PESCADORES: boa sorte, especialmente para os marinheiros. Ver um martim-pescador em seu ninho significa que o tempo estará calmo e bom. Associados à riqueza, abundância, felicidade, harmonia, amor, fidelidade e paz.

Melros: sorte, coragem, felicidade, lar, Submundo, sabedoria, renascimento e trabalho espiritual. Ligado a Rhiannon.

Mergulhões: misticismo, reino astral, independência, paz, romance e sonhos.

Papagaios: avistá-los traz cura e longevidade. Estão associados à comunidade e à criatividade.

Pardais: representam o lar e significam esperança. Magicamente, eles se relacionam com desejo, fertilidade, felicidade, despertar, amor, fidelidade, lealdade, assertividade e manifestação. São sagrados para Afrodite e Vênus.

Patos: sorte, abundância, transformação, afeto, paz, clareza emocional, comunidade, fidelidade, oportunidades, proteção e trabalho espiritual.

Pavões: representam atração, orgulho, beleza, confiança, sabedoria, longevidade, manifestação, honestidade, paz, riqueza, abundância, proteção e renovação. Estão ligados a Amun, Brahma, Devi, Hera, Hermes, Héstia, Hórus, Íris, Juno, Pan, Sarasvati e Zeus.

Pega: considerados má sorte em muitas culturas. Sua tagarelice significa que um estranho virá visitá-lo ou algum infortúnio visitará a família. As pegas se relacionam com riqueza, saúde, adaptabilidade, mudança, habilidade, inteligência, sorte, manifestação, trabalho espiritual, espiritualidade e oportunidades.

Pelicanos: associados a desafios, bondade, magia, renovação e tristeza.

Perus: abundância, fertilidade, gratidão, crescimento, trabalho próprio e renovação.

Pica-paus: sorte, trabalho espiritual, despertares, magia do tempo, poderes mentais, assertividade, fertilidade, proteção, verdade e purificação. Os pica-paus são Sagrados para Ares, Buda, Júpiter, Marte, Pan, Silvanus e Zeus.

POMBAS: sinal de paz, boa sorte, prosperidade, fertilidade, amor, sabedoria, renovação, fidelidade, cura, longevidade, perdão, poderes mentais, tristeza, paixão e felicidade. Associado com Afrodite, Astarte, Deméter, Freya, Holle, Inanna, Ishtar, Ísis, Maia, Rhea e Vênus.

POMBOS: representam a família, o lar, a inocência, o amor, a fertilidade, a lealdade, paz e sorte.

ROUXINÓIS: beleza, cura e esperança.

TENTILHÕES: comunidade, despertar, riqueza, mudança, fertilidade, felicidade, equilíbrio, renovação, trabalho espiritual e consciência.

TORDO (*Robins*): boa sorte. Sempre que vir um, faça um desejo. Se ele voar para cima, você terá muita sorte. O tordo também significa mudança, felicidade, sabedoria, sorte e trabalho espiritual. O Deus Belenos está ligado aos tordos.

Morcegos

O único mamífero capaz de voar de verdade é o morcego. Você pode tê-los visto girando ao entardecer, voando de um lado para o outro para pegar mosquitos e outros insetos voadores. Talvez os tenha visto visitando árvores frutíferas à noite para se alimentar. Há uma grande variedade de morcegos. Diferentes forças e habilidades estão associadas a cada espécie. Morcegos são noturnos e vivem em todo o mundo, com exceção de lugares extremamente frios. Muitas espécies polinizam as plantas e dispersam as sementes, o que permite a ocorrência de uma nova vida.

Na minha graduação, uma universidade no Brasil me ofereceu um estágio e a chance de pesquisar morcegos nas florestas tropicais. Aproveitei a chance de me aproximar dessas criaturas misteriosas e primitivas da noite. Boa parte do meu trabalho era caminhar pela floresta tropical à noite com luvas grossas, uma lanterna de cabeça e redes de neblina quase invisíveis. Pegamos todos os tipos de morcegos, incluindo um morcego vampiro. Segurar essas criaturas incríveis enquanto eram medidas foi uma experiência fenomenal e consolidou ainda mais minha adoração por elas.

A magia associada aos morcegos inclui comunidade, subconsciente, morte, libertação de velhos hábitos, força, resistência, longevidade, novos começos, o Submundo, renascimento e renovação, sorte, mudança, trabalho espiritual, riqueza, transformação e agricultura. Também estão conectados com Ártemis, Diana e Perséfone.

Trabalhos mágicos com morcegos sempre devem ser realizados à noite. Procure-os nos céus, começando ao pôr do sol. Pesquise na internet para obter informações sobre o tipo de morcegos que vivem perto de você. Se estiver interessado em um determinado tipo de morcego, como o gigante raposa-voadora, talvez seja necessário visitar um zoológico ou um local onde eles vivem. Atraia esses seres locais pendurando uma casa de morcegos em uma árvore que receba muito sol.

Insetos

Insetos voadores são associados naturalmente ao elemento Ar. Com sua beleza única e voo gracioso, eles inspiraram artistas e poetas por séculos. Insetos que fazem barulho, como os grilos, também correspondem a este elemento devido aos sons que emitem. Veja alguns exemplos:

Abelhas: mensageiras entre as flores, elas transportam o pólen iniciando uma nova vida. Essenciais para as frutas e verduras da safra atual e para as sementes da safra do próximo ano. Com sua mente coletiva e forma de comunicação dançante, a energia das abelhas se traduz bem em magia para a comunidade, trabalhando duro e espalhando novas ideias. Associadas ao Submundo, à abundância, sabedoria, agricultura, foco, sonhos, energia guerreira, família, poderes mentais, motivação e renovação. Há tempos são associadas a Apollo, Cybele, Deméter, Diana, Íris, Krishna, Rá e Vishnu.

Borboletas: muitas vezes representam a vida após a morte, porque passam por uma metamorfose ao se transformarem de uma lagarta em uma beleza alada. Várias pessoas acreditam que as borboletas trazem mensagens dos falecidos para nós, especialmente durante funerais e períodos de luto. Também foi dito que as Bruxas poderiam se transformar nelas. Esses insetos polinizadores estão associados à beleza, liberdade, renascimento, transformação, às fadas, aos sonhos, viagens, resistência, confiança, graça, felicidade, inspiração, amor, magia, fidelidade, agricultura, oportunidades, manifestação, purificação, fertilidade, trabalho espiritual e aos ciclos da vida.

Cigarras: inseto de longo descanso, correspondem à transformação, à felicidade, ao lar, ao sucesso, à honestidade, à longevidade e à paciência.

Grilos: são insetos que enchem o ar das noites de verão com sua música. Seus sussurros aumentam o calor da estação e isolam de outros ruídos, tornando a noite aconchegante. Os grilos estão associados a mensagens ou presságios, alegria, confiança, finais, lar, intuição, sorte, renovação e proteção.

Libélulas: estão entre os insetos mais rápidos. Disparam com a graça de um beija-flor e têm um apetite voraz por mosquitos. Estão associadas à introspecção, ao trabalho com sonhos, apoio emocional, autopreservação, às fadas, iluminação, mensagens ou presságios, mudança, transformação, clareza, verdade, limites, longevidade e paixão. Sagradas para Agni.

Mariposas: são polinizadoras que representam a Magia da Lua, abundância, transformação, ação, proteção mística, amor, despertar e renascimento. Conectadas com Ártemis e Hécate.

VAGA-LUMES: iluminam a noite, iluminando nossa escuridão. Correspondem à esperança, a realização, inspiração, ativação, iluminação e criatividade.

Penas Sagradas

Se seu desejo é se conectar com o elemento natural do Ar durante seus ritos mágicos, tente usar uma pena. As penas têm a vantagem de terem sido usadas para voar, possivelmente por vários anos. Isso significa que elas contêm energias do Ar, do voo e do pássaro de onde vieram. Se possível, use um tipo de pena que seja apropriado para sua magia. Por exemplo, uma pena de águia seria ideal para alguém cujos trabalhos mágicos visam obter sabedoria, justiça e paz.

Outro uso para as penas é direcionar a fumaça sobre uma pessoa ou objeto para limpá-los. Algumas pessoas de tribos nativas americanas e caribenhas usam penas ou asas de pássaros para espalhar a fumaça. As penas foram feitas para mover o Ar, então elas direcionam a fumaça de forma bastante eficaz.

Existem alguns cuidados sobre como trabalhar com penas. Tenha cuidado ao tocá-las para não transmitir doenças. As penas podem transmitir doenças como a salmonela. Também é aconselhável não comprar uma pena a menos que saiba que ela foi coletada de forma sustentável. Nunca use penas que foram depenadas, pois isso cria uma associação traumática com o animal – use as que caíram naturalmente. Reaproveitar penas ou uma asa de um pássaro falecido, como um atropelado por um carro, por exemplo, pode ser uma forma sagrada de honrá-los e trabalhar com seu espírito. Se deseja um certo tipo de pena, pergunte por aí – um centro de aves pode ter penas à venda ou procure um naturalista ou um caminhante que as encontra regularmente. No entanto, esteja ciente de que é ilegal possuir penas de certas espécies de pássaros devido aos perigos da caça furtiva.

Trabalhando com Animais Guardiões

Caso esteja interessado em trabalhar com uma dessas criaturas do Ar em particular, a energia delas pode ter muito a lhe ensinar. Leia livros e assista a vídeos sobre elas. Procure-as na natureza. Quando as encontrar, estude seu comportamento e ouça o que essas criaturas parecem querer dizer. Pense em como suas características podem ser ativadas dentro de você.

Se possível, alimente-as ou dê-lhes um lugar para ficar. Com borboletas, isso pode significar plantar as flores que elas gostam. Para pássaros, coloque sementes ou milho quebrado e para morcegos, pendure uma casa de morcego. Essas criaturas também podem gostar de água fresca, um banho de pássaros pode atrair diversas espécies. Ao convidar esses animais para sua vida, você aumentará sua associação com eles e seu intercâmbio energético. Isso também o ajudará a invocá-los em trabalhos mágicos.

Depois de estabelecer um relacionamento com o animal, invoque a energia da criatura em seus trabalhos mágicos. Se desejar, envie alguns dos seus trabalhos para o céu. Qualquer trabalho mágico com pássaros deve ser associado à hora do dia em que eles estão mais ativos. Por esta razão, é preferível ter conexões com animais que estão ativos durante o dia e a noite. Se sua conexão com o animal for forte, use obras de arte ou uma foto deles em seu Santuário do Ar ou altar principal. Ao vê-lo, você se lembrará de sua profunda conexão com a energia deles e o inspirará a se conectar com eles.

Sua associação com este animal pode ser uma experiência de aprendizado temporária ou pode durar toda a vida. Aprenda o que puder com eles enquanto a conexão for forte. Quando não sentir mais uma forte afinidade com o animal, pode ser que os tenha superado. Faça sua pesquisa novamente e encontre outro que o capacite

Conhecendo o Espírito de um Pássaro

Existem vários santuários, zoológicos e centros de reabilitação onde é possível observar as aves de perto. Visitar um desses lugares é uma ótima maneira de comungar com o elemento animalesco único do Ar. Caso não tenha certeza com qual pássaro se identifica mais, esta é uma experiência especialmente reveladora. Quando estiver cara a cara com um, é provável que tenha uma ideia concreta de sua energia, podendo sentir ou não uma conexão com eles.

Planeje deixar seus animais de estimação em casa para que os pássaros fiquem à vontade. Evite fragrâncias fortes ou artificiais que possam ser desorientadoras para eles. Caso queira chegar mais perto, ligue antes para saber se os naturalistas podem tirá-los de suas suas gaiolas.

Ao visitar um santuário ou zoológico, aproxime-se lenta e silenciosamente. Dê bastante espaço aos pássaros. Use uma linguagem corporal diminuta, pelo menos no início, para indicar que não é uma ameaça para eles. Observe a linguagem corporal dos pássaros e como eles se apresentam. Veja como observam o mundo ao seu redor. Usando suas habilidades psíquicas, sinta sua energia e seus poderes naturais. Se for uma águia que está visitando, observe seus olhos agudos e penetrantes, seu estado de alerta e sua força. Se for um corvo, veja como ele é brincalhão, sinta como ele pensa. Preste atenção em como o pássaro interage com você. Ele parece intrigado com sua presença? Tem um ar de realeza? Se o seu fascínio for por um pássaro em particular, fique perto dele por um tempo. Sem palavras, pergunte se ele gostaria de trocar energia com você. Se sentir um sim, envie-lhes amor e receba um pouco de volta. Caso sinta uma conexão profunda, planeje retornar para ver o pássaro novamente.

Considere fazer uma doação para a organização, ou, seja voluntario lá. Uma doação monetária fornece comida e abrigo e garante que a ave será cuidada, o que é uma verdadeira forma de troca de energia.

Ornitomancia Tradicional Romana

Muitas pessoas praticam uma forma de ornitomancia casual. Elas fazem uma pergunta e interpretam os pássaros que cruzam seu caminho. Algumas pessoas nem mesmo fazem uma pergunta – elas apenas observam o que quer que apareça. Não há nada de errado nisso, mas sempre há valor em aprender um método tradicional, especialmente um que foi refinado por séculos, como o método romano.

Antes de começar, decida quanto tempo levará para receber a mensagem – pode demorar apenas quinze minutos ou até várias horas. A quantidade de tempo deve refletir a gravidade da questão. Se você se sentir desconfortável em invocar Júpiter, use uma divindade diferente com a qual se sinta mais confortável.

Material

- Algo confortável para sentar ou deitar
- Incenso e isqueiro (opcional)
- Livro das Sombras, grimório ou diário
- Música serena de flauta (opcional)
- Um compasso
- Um espaço ao Ar livre elevado onde possa se sentar por um tempo, como o topo de uma colina
- Um guia de identificação de aves
- Um relógio ou cronômetro
- Uma ferramenta de escrita
- Uma libação, como vinho ou suco
- Uma tenda com tela aberta voltada para o Sul (opcional)

Depois de encontrar um local que deseja usar para a ornitomancia, use a bússola para determinar as direções cardeais. Desenhe uma linha no chão à sua frente de Leste a Oeste, que representa o caminho que o Sol segue. Desenhe outra linha de Norte a Sul. Essas linhas definem os quatro quadrantes.

Coloque-se virado a Sul com o cruzamento mesmo à sua frente. Se você estiver em uma barraca, alinhe a borda da barraca para ficar paralela à linha Leste-Oeste. Beba a Júpiter e despeje um pouco de vinho no chão enquanto exalta suas virtudes. Você pode acender incenso neste momento, se desejar. Explique seu pedido de augúrio e peça uma resposta SIM ou NÃO por meio dos pássaros. Discuta seu campo de visão, usando marcos visuais, como árvores ou cercas. Isso garante que o voo seja visível. Por fim, peça uma confirmação de que Júpiter enviará uma mensagem através dos pássaros para você interpretar. Sua solicitação pode ser algo como:

PODEROSO JÚPITER, EXPANSIVO
SENHOR DO CÉU E DO TROVÃO,
OFEREÇO-TE ESTE VINHO E UM FINO INCENSO DE ALECRIM.
EU INVOCO SUA SABEDORIA E ASSISTÊNCIA.
BENEVOLENTE, POR FAVOR, DIGA-ME
MEU CASAMENTO COM FIRI SERÁ BEM-SUCEDIDO?
PEÇO-TE QUE ME ENVIES UM SINAL CLARO ATRAVÉS DOS
PÁSSAROS, TEUS MENSAGEIROS, QUE ME DIRÃO SIM OU NÃO.
PROCURAREI SEUS SINAIS DESDE O LILÁS À MINHA ESQUERDA
ATÉ O BORDO À MINHA DIREITA.
VOU ESPERAR POR TRÊS HORAS.
VOCÊ FARÁ ISSO POR MIM, Ó PODEROSO?

Depois de receber uma resposta positiva de que Júpiter enviará o sinal, sente-se e observe o céu. Entre em um estado de transe ou pratique a Meditação do Vaso de Ar no Capítulo 11. Permaneça em silêncio sem interrupção por um período de tempo predeterminado. Se desejar, mais incenso pode ser queimado e música de flauta pode ser tocada – acredita-se que isso agrada a Júpiter e atrai os pássaros.

Descreva todos os pássaros que ver e o que eles fazem. Cada pássaro que vir e sua atividade são significativos. Por exemplo, há uma grande diferença entre um cardeal que aparece e sai imediatamente e um cardeal que canta nos galhos do bordo por um longo período de tempo. O primeiro poderia ser interpretado como um sinal de felicidade ilusória, e o segundo um sinal de felicidade real e familiar. Use seu relógio e seu Livro das Sombras, grimório ou diário para registrar o que está acontecendo e por quanto tempo isso acontece.

Quando o período de visualização terminar, interprete os presságios usando as informações sobre pássaros neste capítulo. Você pode receber uma mensagem clara ou várias mensagens que podem ser misturadas. Se sua mensagem não estiver clara, converse sobre isso com um amigo de confiança que possa fornecer informações adicionais.

Voos da Imaginação

Se você já trabalhou com essas criaturas de perto, provavelmente já sentiu um poder selvagem e bruto emanando delas. Esses animais têm profundos poderes arquetípicos que podem ajudar muito em seus trabalhos mágicos. Simplesmente estar perto deles é profundamente comovente e inspirador. Permita-se ser elevado por essas majestosas criaturas maravilhas do voo.

PARTE

3

RECEITAS, RITUAIS E FEITIÇOS

Magia é uma palavra conveniente para um conjunto completo de técnicas, todas as quais envolvendo a mente.

MARGOT ADLER, *Drawing Down the Moon*

but
Since
revolutions from
y when θ=

Capítulo 9

A MAGIA DOS INCENSOS

UM DOS INSTRUMENTOS MAIS ACESSÍVEIS e prazerosos do elemento Ar. A história do incenso remonta aos primeiros povos que queimaram madeira ou ervas aromáticas em suas fogueiras e se maravilharam com as fragrâncias obtidas. Talvez não seja surpresa o olfato ser um dos sentidos mais antigos de que temos conhecimento. O olfato é um sentido único, porque pula a parte do cérebro responsável pelo processamento. Em vez disso, ele viaja diretamente para um local mais reativo chamado "bulbo olfativo", onde há um banco de emoções e memórias armazenadas. Esta zona alberga todas as ligações entre os aromas e emoções que criamos ao longo da nossa vida, bem como outras que podemos ter herdado dos nossos antepassados. Em outras palavras, sempre que queimamos as mesmas madeiras aromáticas ou incensos que nossos ancestrais teriam usado, é provável que evoquemos nossas próprias lembranças e as de nosso passado ancestral.

O uso do incenso foi registrado pela primeira vez em alguns dos documentos mais antigos conhecidos pela humanidade. Babilônios, mesopotâmios e sul-asiáticos escreveram sobre sua multiplicidade de propósitos por volta de 3100 AEC. Da mesma forma, uma antiga aldeia egípcia relatou que, à noite, a fumaça do incenso flutuava no ar das casas e templos em todo o bairro. A fumaça da queima de incenso foi comparada a nuvens místicas que perduram em torno de colinas e montanhas, onde vários dos primeiros altares de divindades Pagãs conhecidas foram localizados.

Este capítulo aborda os muitos usos do incenso e dá várias sugestões sobre como usá-lo. Obviamente, a segurança é uma consideração importante. Não deixe incenso queimando sem supervisão e certifique-se de colocá-lo onde não entre em contato com ninguém, incluindo animais de estimação. Pesquise os efeitos do incenso em você, em sua família e em seus animais de estimação antes de queimá-lo. Cuidado com itens quentes, como caldeirões ou incensários, e use porta-copos embaixo deles para evitar danos. Sempre use pinças de metal ou uma colher para mover carvão ou incensos no carvão. Nunca queime incenso em uma área sensível ao fogo.

Embora existam muitos cuidados a ter na hora de usar o incenso, na minha opinião vale a pena. Os vapores celestiais suportam todos os tipos de propósitos de Magia do Ar.

Incensos Comuns

Uma das principais razões pelas quais o incenso é tão atraente, é porque ele libera a essência ou o espírito da planta no Ar. A matéria orgânica é transformada pelo fogo em fumaça, aromas, energia e cinzas. Sempre que inalamos os aromas, eles têm o poder de nos mudar. Podemos escolher diferentes tipos de incenso para se adequar ao nosso humor desejado – isso é extremamente útil para estarmos mais alinhados com nossos propósitos mágicos, para criar uma mentalidade diferente ou para facilitar um sentido espiritual elevado.

Este capítulo aborda os muitos usos do incenso e dá várias sugestões sobre como usá-lo. Obviamente, a segurança é uma consideração importante. Não deixe incenso queimando sem supervisão e certifique-se de colocá-lo onde não entre em contato com ninguém, incluindo animais de estimação. Pesquise os efeitos do incenso em você, em sua família e em seus animais de estimação antes de queimá-lo. Cuidado com itens quentes, como caldeirões ou incensários, e use porta-copos embaixo deles para evitar danos. Sempre use pinças de metal ou uma colher para mover o carvão ou incensos de carvão. Nunca queime incenso em uma área sensível ao fogo.

Embora existam muitos cuidados a ter na hora de usar o incenso, na minha opinião vale a pena. Os vapores celestiais suportam todos os tipos de propósitos de Magia do Ar.

Incensos Comuns

Uma das principais razões pelas quais o incenso é tão atraente, é porque ele libera a essência ou o espírito da planta no Ar. A matéria orgânica é transformada pelo fogo em fumaça, aromas, energia e cinzas.

Sempre que inalamos os aromas, eles têm o poder de nos mudar. Podemos escolher diferentes tipos de incenso para se adequar ao humor desejado – isso é extremamente útil para estarmos mais alinhados com nossos propósitos mágicos, para criar uma mentalidade diferente ou para facilitar um sentido espiritual elevado. Todo incenso corresponde ao elemento Ar, mesmo aqueles de plantas associadas a outros elementos. Ao ler os diferentes tipos de incenso a seguir, imagine-se inalando seus aromas. Anote aqueles que despertam seu interesse e verifique o índice deste livro para ver se eles estão associados ao Ar. Neste caso, haverá informações adicionais sobre suas propriedades específicas que podem ajudá-lo em sua Magia com o elemento Ar.

Ervas

Alecrim, sálvia, artemísia, tomilho, arruda, lavanda, rosa, patchouli, *gotu kola* (centelha asiática), capim-limão, verbena, jasmim, erva-cidreira, lúpulo, camomila, raiz de dente-de-leão, louro, damiana, mil-folhas, elecampane, flores de trevo, hortelã, erva-gateira, absinto, baunilha, samambaia, urze, eucalipto, eufrásia, raiz de marshmallow, funcho, raiz de angélica, raiz de valeriana, lótus, erva-doce, salsa.

Especiarias

Sementes de anis, canela, sementes de cardamomo, cravo, gengibre, galanga, noz-moscada, maça, ginseng, pimenta-preta, pimenta-da-jamaica.

Madeiras(incluindo agulhas, cascas, madeira e bagas)

Zimbro, pinho, abeto, cedro, aloe, salgueiro, sândalo (use economicamente, algumas delas podem estar em extinção).

Resinas

Olíbano, copal, mirra, sangue-de-dragão, mástique, pinho, acácia, benjoim.

Incensos na Magia

O incenso é uma ótima maneira de mascarar odores ou repelir insetos, mas quando se trata de usos mágicos, ele é absolutamente brilhante. Existem cinco propósitos espirituais principais na queima de incenso. Você pode usá-los aos poucos, conforme necessário, ou pode usá-los em um ritual de incenso começando com a limpeza e em seguida usando incenso para evocar um sentimento específico, oferecer incenso aos Deuses ou espíritos depois na meditação e, finalmente, para adivinhação.

Limpeza

Antes de qualquer trabalho mágico ser realizado, o incenso é frequentemente usado para limpar um espaço ritual, assim como os praticantes da magia. A fumaça neutraliza qualquer energia negativa ou estagnada, eleva o espaço energeticamente e permite que o elemento mágico do Ar passe mais facilmente.

Para limpar uma sala para o ritual, acenda o incenso e espalhe a fumaça ao redor. Limpe-se primeiro passando a fumaça sobre a cabeça e o peito, depois sobre o tronco, as pernas e os pés (incluindo as solas). Depois de limpar a parte da frente, passe a fumaça pela parte de trás também, começando pelos tornozelos e subindo.

Limpe a sala começando pela porta mais comumente usada. Espalhe a fumaça pelos quatro cantos da porta e finalize passando a fumaça pelo meio. Caminhe em um círculo no sentido anti-horário ao longo da sala, por entre as paredes, certificando-se de espalhar a fumaça pelos cantos da sala e pelas janelas. Quando terminar, jogue a fumaça no chão, no teto e no meio do espaço.

Assim que você e a sala estiverem prontos, limpe quaisquer novos Instrumentos Mágicos ou itens de altar, segurando-os sobre a fumaça. Se estiver trabalhando com outros participantes, limpe-os antes de entrarem na sala.

Para evocar um sentimento específico

Considere o uso de aromas em trabalhos mágicos para criar uma mentalidade ou humor específico que apoie seu trabalho. Alguns Covens e Círculos sempre usam o mesmo incenso quando iniciam um ritual, porque isso transporta sem esforço suas mentes e espíritos para um estado sobrenatural.

Cada ingrediente em uma mistura de incenso carrega certa energia ou tom. Considere o sentimento que deseja evocar quando queimar incenso. Por exemplo, a resina de copal tem um aroma doce e sagrado, que é um muito diferente em comparação com o cheiro forte e herbáceo das flores de lavanda. Cada um deles define um humor diferente e tem propósitos diferentes. Se não tiver certeza sobre o sentimento que deseja evocar, sinta o cheiro do que tem em mãos. Você provavelmente será capaz de descobrir qual deles suportará mais a energia desejada. O nariz realmente sabe.

Oferenda aos Deuses ou aos Espíritos

O incenso transporta nossos pensamentos, desejos e orações para o reino elemental do Ar e dos espíritos. Através da transformação da matéria vegetal em fumaça, damos a energia aos Deuses e espíritos, que eles vão usar para nos auxiliar em nossas intenções e objetivos. Oferendas aos Deuses e espíritos eram consideradas por muitas culturas antigas como a única forma de se comunicar com eles, e o incenso sempre foi considerado uma das melhores oferendas.

Se seu desejo é o de evocar uma divindade ou um espírito, use o incenso apropriado para isso. Por exemplo, se você sabe que Afrodite gosta de incenso de rosas, acenda um para ela e coloque em seu altar. Use o mesmo incenso de rosa sempre que a chamar, isso vai criar um vínculo entre vocês. Se não souber que tipo de incenso sua divindade ou espírito gosta, faça pesquisas ou simplesmente pergunte a eles.

Meditações

A meditação não requer incenso, mas eles podem ser queimados para cultivar e manter uma mentalidade espiritual pelo tempo que desejar meditar. Durante a meditação, o aroma do incenso estimula a respiração profunda, o que induz um estado corporal mais relaxado. Use a meditação em práticas mágicas para cultivar um estado energético superior, como um transe.

Divinação

O incenso tem uma longa associação histórica com a adivinhação. Certas plantas como anis, artemísia, noz-moscada, lavanda, salsa, tomilho e outras podem ser queimadas para criar uma mentalidade mística ou visionária. Para ver se o incenso aumenta suas habilidades, acenda um e use Tarô, Runas, escrita automática, arremesso de ossos ou qualquer coisa que desejar para aprimorar sua adivinhação.

Métodos de queimar incenso

Existem tantas maneiras maravilhosas de queimar incenso. Cada método tem aspectos positivos e negativos, que serão discutidos nas passagens a seguir. Descobri que é melhor ter uma variedade de incenso à mão para diferentes situações que possam surgir, pois alguns são mais apropriados do que outros. Não importa como, queimar incenso certamente vai contagiar você com seu aroma inebriante.

Incensos de Vareta

Uma das formas mais comuns de incenso é o bastão enrolado à mão feito de óleos, resinas, madeiras, ervas e, às vezes, um filamento feito de bambu ou sândalo. Para usá-lo, basta acender sua ponta, deixar queimar por alguns segundos e depois apagar. Pela brasa, é possível saberá se ele está aceso. Geralmente é usado em um queimador de incenso feito de madeira, metal ou cerâmica com um orifício para inserir a vareta. Uma variação é o formato em espiral, que é feito de maneira semelhante.

A desvantagem desses incensos é que é impossível saber exatamente o que há neles. Isso significa que não é possível pesquisar as propriedades mágicas dos ingredientes. Isso não é necessário para quem deseja se conectar com as plantas que está queimando, mas será especialmente incômodo para quem tiver alergias. As varetas podem conter ingredientes artificiais ocultos ou plantas que se aproximam do que está no rótulo, mas não são exatamente precisas. Por fim, não é fácil saber se uma planta em extinção, como o sândalo, por exemplo, está sendo usada. Sempre que possível, escolha marcas respeitáveis com maior probabilidade em listar ingredientes precisos.

Essas varetas têm muitos aspectos positivos – são fáceis de queimar, relativamente seguras e, desde que o queimador retenha as cinzas, é uma maneira elegante de apreciar os aromas. Este tipo de incenso é barato, fácil de encontrar e pode ser estocado. Perfeitos para um iniciante ou para quem quiser um fluxo constante de aroma que possa acender e não precisar cuidar.

Incensos de Cone

Esta é outra variação de incenso preparado. Assim como as varetas, eles são feitos de matéria vegetal e podem conter óleos, fragrâncias e carvão ativado. Para usá-los, simplesmente acenda o topo do cone até formar uma brasa brilhante e, em seguida, sopre-a. Coloque-o em um Caldeirão ou em um prato à prova de fogo, como os feitos de cerâmica. Os cones de incenso têm as mesmas vantagens e desvantagens das varetas, só que são um pouco mais difíceis de encontrar.

Carvão para Incenso

Se quiser experimentar uma grande variedade de incenso, o carvão vegetal é o caminho certo. É o melhor método para queimar óleos essenciais e resinas, método preferido para madeira e ervas que foram finamente picadas ou moídas. Muitas pessoas acham que este método dá uma conexão mais direta com as plantas, pois é possível ver os materiais em sua forma bruta antes de serem queimados no carvão. Este método também permite criar seus próprios aromas e os alterar como achar melhor.

Carvão de incenso está disponível em vários lugares, incluindo em algumas lojas de Bruxas. Reserve também pinças de metal e um incensário de metal ou um Caldeirão. Esses itens, como o Caldeirão ou o Incensário, não precisam ser grandes – na verdade, aqueles com espaço suficiente para caber um disco de carvão servem. Se estiver preocupado em danificar seu Caldeirão ou Incensário, use uma camada de areia sob o carvão.

Se for queimar um carvão de incenso, desembrulhe um disco de carvão segurando-o com uma pinça. Toque-o na chama de uma vela – recomendo uma vela, porque pode levar alguns segundos para queimar.

Observe as faíscas correndo pelo disco, seguidas por uma brasa vermelha brilhante. Quando tiver a certeza de que o carvão está aceso, coloque-o no Caldeirão ou Incensário. Deixe-o descansar e depois o acenda totalmente por um momento antes de adicionar qualquer coisa a ele.

Quando o disco de carvão estiver pronto, polvilhe um pouco de incenso sobre ele. O carvão queima praticamente qualquer tipo de incenso. Para obter os melhores resultados, moa o incenso até virar um pó e polvilhe-o ou use itens menores. Os óleos essenciais podem ser jogados no carvão de incenso para uma explosão de aroma. No entanto, pouca quantidade vai longe, então tenha cuidado no início. Usar muito óleo essencial também pode extinguir o carvão. O incenso geralmente queima por alguns minutos antes que a matéria vegetal acabe. Quando parar de queimar, adicione mais incenso, se assim desejar.

Queimar incenso dessa maneira é especialmente bom se quiser controlar quanto incenso está queimando de uma só vez. Aromas mais intensos podem ser feitos adicionando mais ou reduzindo a intensidade removendo alguns carvões com pinças de metal. Se quiser mudar o aroma, use a pinça para raspar o que está queimando e adicione outra coisa. Este método também lhe dá mais certeza sobre o que está queimando, para que possa desfrutar dos aromas sem se preocupar com fragrâncias artificiais que às vezes aparecem em incensos.

A desvantagem desse método é que ele requer muita atenção caso queira um fluxo constante de fumaça. Há também um equilíbrio delicado com o carvão – muito material no disco o extinguirá e pouco não produzirá quase nenhuma fumaça. É aconselhável também guardar o carvão em um saco para evitar a umidade, o que pode desativá-lo.

Queima de ervas e madeiras in natura

Se preferir trabalhar com matérias-primas, experimente usar um Caldeirão grande ou uma tigela de metal. Esse método funciona especialmente bem com pedaços inteiros de ervas de tamanho médio, como louro, sálvia e alecrim; ou madeiras como pinho, zimbro e sândalo.

Para queimar matérias-primas como incenso, coloque fogo na matéria vegetal e jogue-a diretamente na tigela ou no Caldeirão. Deixe queimar no seu próprio ritmo. Este método de incenso mantém os Caldeirões e tigelas frios o suficiente para serem segurados pela alça ou pela base. Você pode soprar a fumaça com a mão ou com uma pena, se desejar. Se sua tigela ou Caldeirão for grande o suficiente, mantenha uma pequena lamparina ou vela votiva dentro dele. Ter a chama perto do incenso aceso facilita o acendimento e o reacendimento. A pouca iluminação também cria um efeito misterioso e deslumbrante, pois tanto a fumaça quanto a luz saem do Caldeirão.

A melhor coisa sobre esse método é poder queimar o que tem em mãos instantaneamente – há pouca ou nenhuma preparação necessária.

Outro benefício é que, com a planta experimentada em sua forma bruta, é fácil desenvolver uma forte compreensão de sua natureza antes que ela queime. A desvantagem desse método é que há um risco potencial de incêndio, principalmente para quem usa mangas compridas de material inflamável. Outra desvantagem é que esse método não pode ser usado para óleos, resinas ou itens finamente picados ou moídos.

Considerações ao Ar livre

Caso possa queimar incenso ao Ar livre, há algumas coisas divertidas a serem feitas com ele. Você pode jogar ervas ou madeiras diretamente em uma fogueira. Isso cria um toque dramático para qualquer ritual ou festa ao ar livre, mas há menos controle sobre para onde a fumaça vai e o cheiro pode durar pouco. Varetas de incenso são geralmente um bom método para eventos ao ar livre. Outra ideia é tentar uma variação em larga escala do método do carvão vegetal: coloque vários carvões de incenso acesos em um grande recipiente à prova de calor e polvilhe ervas ou resinas neles de vez em quando. Isso permite queimar grandes quantidades de incenso de uma só vez. Dependendo do que se queima, pode até manter os insetos afastados.

Dicas sobre os incensos

Você pode moer o incenso em um material menor para que ele queime de maneira mais uniforme. Um almofariz e pilão pesados geralmente são melhores do que um leve. Ao esmagar as ervas ou a resina, conecte-se com a essência da planta. Use um almofariz e pilão dedicados para moer incenso para evitar a contaminação potencial de seus alimentos.

Ao comprar incenso, tente escolher itens que foram colhidos de forma sustentável. Uma ótima maneira de conseguir isso é cultivando suas próprias plantas, se possível. Recomendo usar os ingredientes mais puros, incluindo ervas e resinas, sempre que possível. Procure incensos feitos com óleos essenciais e matéria vegetal, em vez de esterco e fragrâncias artificiais (se você for sensível a eles). Se possível, use incenso de carvão "verde" feito de uma substância sustentável como o bambu.

Muitas varetas e cones de incenso preparados contêm misturas de ingredientes. Por exemplo, alguns produtores de varetas vendem uma mistura de incenso chamada "Air", com ingredientes que variam muito de um fabricante para outro. Sou da opinião de que não é necessário saber quais são todos os ingredientes antes de comprar o incenso; no entanto, recomendo cheirá-lo antes de comprar para garantir que goste ao menos do cheiro.

Sempre que acender um incenso, agradeça silenciosamente ao espírito da planta por sua contribuição à sua magia e consciência. Se desejar adicionar potência extra à sua Magia do Ar, peça-lhe para facilitar um poder relacionado a esse elemento, como conhecimento, discernimento, mudança, sabedoria, comunicação ou conexão com espíritos. Isso ajuda a se conectar com a planta e torna a queima do incenso mais sagrada. Outra ideia é recitar um encantamento sobre o incenso para colocar sua energia e intenções nele. Visualize os resultados do que acontecerá quando o queimar em um ritual ou trabalho mágico. Quando, finalmente, for queimar o incenso, certamente irá experimentar a mesma sensação de quando ele se transformou em pura essência e energia. Imagine o incenso se espalhando por toda parte com auxílio de sua magia.

Adivinhação com a Fumaça do Incenso, ou Libanomancia

Avlelio Mato Watakpe é um devoto de Santa Muerte, um moderno, astuto e eclético cabalista hermético dos dias modernos. Ele é um feiticeiro em tempo integral, oraculista, escritor e professor de ocultismo e incorpora o trabalho popular de raízes dos nativos americanos, o politeísmo helênico, a magia salomônica e tradições encontradas nos grimórios antigos em sua magia e prática.

A ARTE E A PRÁTICA da adivinhação com fumaça de incenso são conhecidas há muito tempo como libanomancia. Com registros dessa forma de interpretação profética datando de 2.000 a 1.600 AEC, na Babilônia, e com a libanomancia também observada como um instrumento profundamente honrado no Oráculo de Delfos, este tem sido um método divinatório reverenciado ao longo dos tempos, geralmente realizado lançando incensos, pós e misturas de ervas soltas em brasas ou discos de carvão e observando e interpretando a velocidade e os movimentos da fumaça, imagens e forma, sons, cheiros e até gostos que a fumaça produz.

Antes de começar, certifique-se de que todo o fluxo de ar foi interrompido da melhor maneira possível, pois a direção da fumaça é um dos fatores mais importantes. Como acontece com qualquer forma de adivinhação, é bom ter uma pergunta clara e específica, bem como uma mente aberta.

MATERIAL

- Caldeirão
- Câmera (opcional)
- Carvão vegetal para incenso
- Incensário ou isqueiro
- Incenso solto ou pó de ervas

Acenda o disco de carvão e queime o incenso. Se o incenso queimar rapidamente e não apresentar interrupções ou dificuldades no início e a fumaça subir diretamente em grandes plumas, mostra que você é incrivelmente auspicioso e afortunado, pois conseguiu fazer contato direto com os espíritos. Isso também é verdadeiro se houver estalos e crepitações durante a queima do incenso, o que indica comunicação e contato físico dos espíritos com o adivinho.

A fumaça que se move em sua direção, especialmente se ela vir rapidamente depois de subir, é uma afirmação poderosa e positiva de seus motivos, manifestações ou questionamentos. A fumaça que se afasta, de maneira semelhante é uma resposta decisivamente negativa, o que mostra que seus esforços trarão resultados indesejados. Nuvens espessas e agrupadas de fumaça são indicativas de grande sucesso e uma resposta positiva à sua consulta. Fumaça fragmentada ou colunas finas mostram que há dificuldades e representam dificuldades. O incenso de queima lenta levando a pequenas quantidades de fumaça, ou nenhuma, mostra que há imensa dificuldade em seus esforços de materialização ou sucesso experiencial, ou que seus objetivos podem não se manifestar de forma alguma. Se a princípio a fumaça for fina e apresentar dificuldade de ignição, mas eventualmente se transformar em nuvens de fumaça que rapidamente sobem para cima ou em sua direção, isso mostra que existem alguns bloqueios energéticos que você acabará superando, representando uma resposta positiva, mas problemática.

Tradicionalmente, diz-se que se a fumaça fluir naturalmente para o lado esquerdo, é indicativo de fracasso em seus esforços ou uma resposta negativa à sua pergunta. A fumaça fluindo para a direita é indicativo de sucesso e positividade. Embora possa ser útil manter esses conceitos arcaicos em mente, é muito mais eficaz interpretar essas direções em um sentido mais amplo, incorporando o entendimento ocultista amplamente utilizado de que o lado esquerdo geralmente se refere às energias ou qualidades femininas e o lado direito, às masculinas.

Por meio desta atribuição, você pode relacionar a fumaça que flui para a esquerda a energias e naturezas subconscientes, circunstâncias ainda prestes a se manifestarem, energia profundamente emocional, podendo levar a extremos de nutrição inabalável ou a uma terrível destruição, influências de um passado distante ou outras qualidades do divino feminino. Você pode relacionar a fumaça que flui para a direita com a vontade consciente dos espíritos e forças cósmicas; seus trabalhos e indagações sendo abençoadas com atividade e força espiritual; energias vivificantes e penetrantes; engenhosidade criativa; circunstâncias que certamente se manifestarão de forma positiva, alegre ou vitoriosa; ou outras qualidades semelhantes do divino masculino.

Muitos adivinhos também procuram formas, imagens e símbolos na fumaça. As imagens que podem ser encontradas incluem todos os tipos de espíritos animais; rostos ou formas inteiras de espíritos e divindades; sigilos e selos de várias entidades; letras hebraicas e gregas; letras e números latinos; atributos e símbolos de divindades; símbolos astrológicos; runas e imagens ocultas clássicas, como ovo, roda, coração, chama, cálice, lâmina, cruz, cobra, chave, coroa ou pentáculo.

A tecnologia tornou muito mais fácil descobrir e interpretar as mensagens que vêm da fumaça do incenso. Você pode configurar seu telefone ou uma câmera DSLR em um suporte de frente para o altar e gravar um vídeo. Assista à filmagem o quanto for necessário, parando onde estiver claro que está recebendo algum tipo de imagem. Além disso, muitas câmeras DSLR podem ser configuradas para tirar fotos estáticas a cada segundo ou mais e existem outros acessórios que permitem que quase todas as câmeras tenham esse recurso. Alternativamente, não dói fazer uma pausa durante uma adivinhação, ritual ou feitiço, a fim de tirar várias fotos da fumaça do incenso. Esses métodos fornecem muitas imagens para investigar e extrair informações, então configure seus dispositivos e comece a mergulhar na fumaça!

Avlelio Mato Watakpe

• • • • • •

Elevando-se aos Céus como Fumaça

Um ditado egípcio comum é: "um dia sem fragrância é um dia perdido."[10] Quer você queime incenso em seu altar principal, em uma mesa ou em um santuário, saiba que isso vem com uma rica história de emoções evocativas. Com todos os diferentes tipos de incenso disponíveis neste capítulo, certamente você encontrará algo que vai inspirá-lo.

Considere a possibilidade de criar sua própria mistura de incenso para evocar uma mentalidade específica. É divertido experimentar combinações de ervas, óleos e resinas até acertar. Novas misturas de fragrâncias podem lhe proporcionar novas associações mentais, que podem ajudar a curar a mente. O melhor de tudo, talvez, é que elas possam permitir que você faça a ponte entre o nosso mundo e o reino mágico do Ar.

10 Thomas Kinkele, *Incense and Incense Rituals* (Twin Lakes: Lotus Press, 2005), 7.

but
Since
revolutions from

Capítulo 10

VENTOS, SONS E PALAVRAS

O AR É O MEIO pelo qual tanta coisa viaja. Ele transporta energia na forma de vento e carrega ondas vibratórias que percebemos como sons e palavras. Ventos, sons e palavras dão vida e expressão ao elemento Ar. Isso pode ser totalmente inspirador. Por exemplo, pense em como uma brisa forte se sente ao passar por você. Imagine ouvir sua música favorita e sentir arrepios na nuca quando a melodia atinge o pico. Palavras de amor de alguém que gostamos podem nos encher de energia e felicidade sutis. Permita que essas correspondências deste elemento o movam de maneira semelhante e eleve sua Magia do Ar a alturas ainda maiores.

Ventos

Observar os céus é uma prática antiga e hipnotizante. Quando as frentes de ar colidem e os ventos aumentam, a sensação de eletricidade no ar pode aumentar tanto que parece que a magia está ao seu alcance, pronta para suas palavras. As Bruxas do clima trabalham com esse tipo de energia. Elas também usam suas habilidades para alterar o clima.

História da Magia do Clima

Há evidências de pessoas em todo o mundo realizando rituais e práticas mágicas para obter o clima desejado. A primeira citação conhecida da Magia do Clima foi no poema épico grego *A Odisseia*, do século 8 AEC. Odisseu pediu ajuda a Éolo, o governante dos quatro ventos, para voltar para casa. Éolo o presenteou com o vento Oeste para suas velas e com um saco de ventos amarrados na pele de um boi. No século 4 AEC, o filósofo grego Empédocles também usou sacos de pele de animal para capturar o vento em sua Magia do Ar. Em seus escritos, ele disse que havia muitas outras culturas perto da Grécia que também conheciam a Magia do Clima, provavelmente os persas e os habitantes da atual Romênia e Bulgária, mas essas transcrições provavelmente foram perdidas ao longo dos séculos. De acordo com o antigo poema épico grego *Argonáutica*, do terceiro século AEC, os marinheiros gregos regularmente tentavam fazer magia climática. Eles também faziam oferendas e orações aos Deuses gêmeos conhecidos como "Kabeiroi", que podiam fazer uma tempestade passar mais rápido e acalmar o clima. A crença na Bruxaria do clima era tão forte no mundo antigo, que um homem recebeu pena de morte por ventos fortes que impediam os navios de navegar para um porto de Constantinopla no terceiro século EC.[11]

A Magia do Vento também era praticada regularmente na Finlândia. As Bruxas do Ar davam nós em cordas e prendiam os poderes do vento, uma prática que foi registrada pela primeira vez em 1300. Os marinheiros compravam essas cordas encantadas e as desamarravam, uma de cada vez, enquanto estavam no mar.

Cada nó solto liberava uma rajada de vento mais forte. Essa forma de Bruxaria do clima deve ter sido bem-sucedida, porque a prática continuou por séculos. Os nós de vento ainda eram procurados em 1939, e acredita-se que sejam usados até hoje.

A Magia do Clima apareceu na peça de Shakespeare, *A Tempestade*, quando o mágico Próspero e seu familiar Ariel criam uma tempestade para fazer um barco bater na costa de sua ilha. A Bruxaria do Clima também aparece em *Macbeth* – as três Bruxas conhecidas como

11 Sir James Frazier, *The Golden Bough: A Study in Magic and Religion*, abridged ed. (Macmillan, 1922; Bartlelby.com, 2000), https://www.bartleby.com/196/13.html, accessed September 9, 2019.

"Irmãs Estranhas" combinam seus ventos para criar uma tempestade e afundar um navio.

Hoje em dia, a Magia do Clima é praticada por muitas Bruxas e Magos. Usada regularmente para limpar o céu em eventos ao ar livre, como festivais, casamentos, apresentações e jogos. Assim como em qualquer tipo de Magia normal, cabe a você decidir como deseja usá-la. Esteja seguro e use o bom senso – se vir um raio, mova sua prática para um abrigo. Espere pelo menos trinta minutos após o último raio para se aventurar do lado de fora novamente. Esteja ciente da necessidade de sol e chuva – qualquer um deles em excesso danificará as plantações e outras vegetações. Se já faz algum tempo desde a última chuva forte, não detenha as tempestades simplesmente para desejar outro dia de sol.

Conceitos Gerais Sobre o Clima

A Bruxaria do Clima se baseia em alguns conceitos atmosféricos básicos. Compreendê-los não é essencial, mas conhecer essas ocorrências físicas certamente ajudará na compreensão de como o clima funciona.

O vento é o resultado da energia do Sol e da rotação da Terra. À medida que as correntes de ar se movem sobre a Terra, elas captam tudo o que está abaixo delas, seja umidade da água ou partículas de poeira da terra. A umidade do ar é possível de ser percebida olhando para ver quantas nuvens há no céu. Se houver muitas nuvens perto da terra, o peso da água adiciona pressão ao ar, que é medido com um barômetro, acusando baixa pressão barométrica. Algumas pessoas sensíveis sentem isso como uma tensão crescente. Pode parecer opressivo, especialmente se não houver vento para aliviar a energia. Há quem sinta essa pressão por várias horas antes que outra frente de ar chegue e a altere. Por outro lado, quando é um dia ensolarado, há alta pressão barométrica. Muitas pessoas sentem isso como um humor mais leve, com menos peso.

Frequentemente, existem várias camadas de correntes de ar acima da nossa cabeça a qualquer momento. É possível ter nuvens de tempestade perto da terra, ma também do céu ensolarado acima. Quando duas frentes de ar com diferentes temperaturas e umidades colidem, o resultado geralmente é uma trovoada, com troca de energia liberada na forma de chuva, trovão, vento e raio. As correntes de ar podem seguir um padrão sazonal, como o *El Niño*, ou podem soprar principalmente em uma direção.

Se você está apenas começando com a Magia do Clima, observe a atmosfera local regularmente. Faça isso saindo e avaliando como está o tempo, usando um aplicativo meteorológico, acompanhando o clima on-line ou prestando atenção aos boletins meteorológicos na televisão. O *Weather Channel* é um recurso particularmente útil quando se trata de Magia do Clima. Se preferir se aventurar ao ar livre, observe as nuvens no céu, sua quantidade, forma e altura. Determine de que direção o vento está vindo, sentindo para que lado ele está soprando. Procure tendências no clima. Tente prever o tempo que chegará nas próximas horas com base no que vê e sente e no que está no horizonte.

Quando tiver uma linha de base para o que o clima local faz regularmente, pode começar a brincar com a Magia do Clima.

Mova as Correntes de Ar com sua Mente

Existem duas maneiras gerais de mover as correntes de ar. A primeiro empurra as massas de ar e a outra as puxa. Tudo isso envolve trabalhar com a termodinâmica disponível e visualizar o que a pessoa deseja que aconteça. Se você já usou o reiki antes e sabe como direcionar energia, terá uma vantagem inicial.

Uma das melhores coisas que uma Magia do Clima pode fazer é separar as nuvens, especialmente em um festival Pagão ou de Bruxaria ao ar livre. O que é relativamente fácil e leva apenas um breve momento. Concentre-se em seu núcleo e veja uma bola de energia abrasadora em seu corpo. Segure-a em suas mãos e sinta como está quente e seca. Levante-a lentamente para o céu e solte-a. Visualize-a subindo, secando as nuvens e abrindo caminho para o sol.

Da próxima vez que chover e você não estiver com disposição para garoa, tente fazer a tempestade sair do curso. Empurre a tempestade em uma direção criando uma massa de ar em suas mãos que tenha a mesma temperatura e umidade. Segure-a por um momento e, em seguida, direcione-a para o céu na direção que deseja que a tempestade vá. Isso vai afastá-la de você, pelo menos por um tempo. Se a tempestade tiver um acúmulo de nuvens atrás dela, você precisará continuar esta ação.

Outra forma de separar as nuvens e evitar tempestades envolve a projeção de uma estrutura etérea no céu em forma de diamante ou de pipa. Posicione uma ponta longa e estreita em direção ao clima que se aproxima, logo abaixo das nuvens. Imagine que a estrutura tenha um corpo que se eleva e se expande para cobrir a área em necessidade de proteção. As nuvens se separarão na ponta da estrutura e irão para os dois lados dela.

Você também pode tentar puxar bolsas de ar em sua direção. Por exemplo, se deseja ter uma cobertura de nuvens e o dia está ensolarado, imagine uma mão etérea puxando as nuvens para perto de você. Isso acelera seu curso, alterando-o levemente.

Muitas vezes, a Magia do Clima pode produzir resultados surpreendentemente bem-sucedidos. Embora, é claro, haja momentos em que a energia de uma tempestade é muito maior que a sua. Às vezes, simplesmente tem que chover, e nenhuma força de vontade ou pensamento sobre o céu limpo pode mudar isso. A Bruxaria do Clima pode parecer difícil no começo, mas continue praticando.

Com o tempo, ela vem com maior facilidade. Como uma jovem Bruxa do Clima, lembro-me de me esforçar para empurrar as massas de ar e me sentir exausta depois disso. Hoje em dia, tudo o que faço é projetar mentalmente minha energia nos céus com a intenção de que ela empurre as massas de ar. Experimente se esforçar e usar sua vontade e então tente usar o poder de sua mente. Uma combinação de técnicas pode lhe dar o melhor resultado.

Absorvendo a energia do clima

A magia climática de absorção envolve concentrar a energia de qualquer clima que esteja ocorrendo. Pode ser qualquer coisa, desde um dia ensolarado, uma tempestade de neve, dias de vento, uma tempestade normal ou qualquer outro clima. Quanto mais forte o vento, maior será a energia física do ar que vai poder aproveitar. A umidade, eletricidade ou pressão do ar também podem ser usados. Cada um deles influenciará a energia que você absorve.

Para absorver a energia do clima, fique de pé dentro ou ao lado dele, como em uma casa com a janela aberta. Aumente sua respiração e se concentre no momento presente. Experimente as condições atmosféricas o máximo que puder. Sinta o vento em seu rosto e corpo, o calor (ou a falta dele), a umidade (ou a falta dela) e a energia. Observe se o clima faz algum som, como passar por galhos de árvores ou assobiar na esquina de um prédio. Mais do que tudo, sinta a energia do clima.

Inspire profundamente e atraia essas sensações para dentro de você. Puxe essa energia e deixe-a entrar em seu corpo. Estenda essas sensações para o seu exterior para sentir a energia adicional, como a eletricidade no ar. Conecte-se com tudo e atraia ainda mais para si mesmo.

Ao atingir a capacidade máxima, direcione a energia que poderá ser utilizada em um ritual naquele momento para manifestação e ser liberada com sua intenção. Essa energia pode ser usada para qualquer tipo de Magia do Ar, assim como para invocar espíritos. Também pode ser usada para outras magias climáticas – por exemplo, você pode absorver a energia de uma tempestade e direcioná-la de volta para o céu, assim, poderá empurrar a tempestade em outra direção. Essa energia pode ser armazenada em um cristal ou em um amuleto visualizando a luz fluindo de suas mãos para ele. Isso armazena a energia para uso posterior, como uma bateria. Use este método para melhorar o humor geral ou quando quiser invocar o elemento mágico do Ar em um ritual.

Quando terminar o trabalho mágico, libere qualquer energia climática adicional para o ar ao seu redor, expirando completamente e balançando o corpo. Faça uma respiração de limpeza para atrair energia fresca. Se necessário, ancore a energia colocando as mãos na terra e liberando-a.

Nós de Vento

Como as Bruxas do Mar, você também pode amarrar o vento em nós, que são particularmente úteis para quando desejar alterar o clima atual. Tradicionalmente, as Bruxas do Mar amarravam um nó para um vendaval, um segundo nó para um vento mais forte e um terceiro para uma tempestade. No entanto, você pode amarrar a energia de qualquer brisa que tenha por perto. Tudo o que precisa é de um dia tempestuoso e uma corda ou fita com pelo menos trinta centímetros de comprimento.

Vá para fora e fique no vento para que ele flua atrás e sobre você. Funciona melhor se não houver nada atrás para impedir que o vento se mova ao seu redor. Deixe a corda ou fita balançar ao vento. Dê o primeiro nó e visualize a energia do vento sendo amarrada pela corda ou fita enquanto diz: "Eu o amarro, vento, neste nó". Enquanto o vento ainda estiver soprando, você pode amarrar outros nós usando a mesma imagem. Guarde os nós do vento em seu altar de Ar.

Quando quiser desfazer os nós do vento, desamarre-os um pouco de cada vez enquanto diz: "Eu te liberto, vento, deste nó". Imagine a energia fluindo para fora do nó e sendo livre.

Santuários para os Quatro Ventos

Caso se sinta conectado com o elemento mágico do Ar, você poderá fazer santuários para cada um dos quatro ventos direcionais. Diversas culturas de todo o mundo trabalharam com esses quatro ventos. Acredita-se que a crença neles substitua a visão clássica dos quatro elementos.

Se desejar, pode usar os significados dos quatro ventos de uma cultura específica, como a grega, a romana, a celta ou a nórdica. Ou designe seus próprios significados. Tenta descobrir os significados do quatro ventos cardeais em sua localização, observando o clima e as qualidades dos ventos.

Onde moro, o vento do Oeste traz a maior parte do meu clima, então associo o vento do Oeste a "ir com o fluxo". O vento que vem do Norte costuma ser frio. Às vezes é chuvoso ou com neve, mas previsível. O vento Norte, para mim, representa frescor e uma mudança regular no padrão normal. O vento do Sul é geralmente quente e tropical, e às vezes traz clima violento, como furacões. Para mim, isso é como o aspecto ígneo e forte do Ar. O vento do Leste é esporádico e parece ser um pouco caótico. Penso que o vento Leste é o instigador de mudanças inesperadas e o campeão dos azarões.

Invoque os ventos individuais necessários quando desejar energias exclusivas ou convide vários ventos para uma grande magia. Invocar os ventos não significa pedir para que eles soprem o máximo possível. Basta apenas trazer a presença e a energia deles para você. Em outras palavras, desde que não esteja pedindo que todos os ventos soprem ferozmente ao mesmo tempo, não precisa se preocupar em criar um tornado. Se preferir trabalhar com os quatro ventos, considere fazer santuários ou dar a eles espaços físicos reservados, como pedras, se possível.

Som

Som e música são linguagens universais que todos entendem. Os druidas acreditavam que a música, especificamente o canto, era tão poderosa que podia curar feridas. Os nativos americanos navajos também acreditam nisso – suas cerimônias de cura assumem a forma de uma canção. A música define um tom e uma energia específicos. O tipo certo de música pode facilmente eliminar a energia negativa e mudar a frequência de um espaço ritual em direção ao foco pretendido.

Sons Sagrados na Magia

Os sons sagrados que correspondem ao elemento Ar incluem carrilhões, sinos, tigelas de canto e cânticos. Você mesmo pode criar ou reproduzir sons gravados. Experimente cada um deles para encontrar aqueles que produz o estilo certo para seus trabalhos mágicos. Considere também ter mais de um sino, carrilhão ou tigela. Uma nota agradável e aguda é boa para trabalhos de vibração mais elevada e rituais que envolvem energia espiritual, como a manifestação. Um tom profundo e ressonante é melhor para magia de vibração inferior, como trabalho físico ou emocional.

Sinos

Antes de realiar meus rituais, costumo usar um sino para limpar meu espaço sagrado. À medida que o som do sino toca, imagino as vibrações e o som limpando o espaço energeticamente. Depois de lançar um Círculo, toco a campainha novamente para definir o foco e o tom. Isso também é bom de ser feito após um ritual particularmente pesado, o que facilita a aliviar o clima. Quando encerro o trabalho mágico e abro o Círculo, toco a campainha uma última vez para limpar qualquer energia remanescente. Em rituais de grupo, tocar um sino também pode ser uma maneira eficaz de interromper a conversa, concentrar a atenção e fazer com que todos passem para a próxima parte do ritual.

Espanta Espíritos

Outro instrumento relacionado ao nosso elemento são os sinos de vento, porque são movidos pelo ar. Eles são ótimos, pois reconhecem o vento e o elemento Ar, às vezes quando você menos espera. Não há nada como ficar em uma varanda com o vento soprando e os sons dos sinos de vento tocando. É emocionante e edificante, como se algo pudesse acontecer. Sempre tive sinos de vento nos vários lugares onde morei. Seus sons agradáveis faziam minha moradia parecer mais como um lar.

Outros Instrumentos Musicais

Embora muitos instrumentos possam representar o elemento Ar, alguns são mais aéreos do que outros. Os instrumentos de sopro, ou aqueles que usam a respiração para fazer música, correspondem todos a este elemento – por exemplo, flauta, oboé, clarinete, flauta doce e a flauta de Pan. Ouvir música desses instrumentos pode abrir mais sua mente e aumentar suas habilidades mentais, além de ajudar na visualização e promover poderes psíquicos.

Palavra Falada

As palavras são poderosas. Elas criam oportunidades e laços, mas podem facilmente cortá-los ou destruí-los. A palavra falada é considerada por muitas pessoas como o Instrumento do Ar mais importante de todos. Quer sussurre palavras para si mesmo, quer as fale em voz alta com ferocidade, quer use a linguagem de sinais, as palavras são a forma mais direta de comunicação e expressão. Elas evocam imagens e energias. Cada vez que falamos, estamos reivindicando o que queremos e chamando essa energia para vir até nós. Isso é verdade em nossa vida cotidiana e em nossos rituais.

Acredita-se que a palavra *abracadabra* se traduza como "eu crio enquanto falo". Em outras palavras, sem falar não haveria criação. Da mesma forma, alguns Magos acreditam que os trabalhos mágicos executados sem as palavras são quase impotentes. Relacionada a esse conceito está a crença japonesa de que cada palavra carrega seu próprio significado místicos, alguns com poderes de criação e outros com poderes de destruição. Muitas pessoas acreditam que os Deuses e os espíritos esperam que expressemos nossos desejos ao ar para que possam mudar nossos mundos dessa maneira.

Poder da Palavra Falada

Quando eu tinha cerca de nove anos, sentei-me em um auditório lotado com cerca de trezentas crianças em um acampamento espacial de um dia inteiro. Naquela manhã e por toda tarde, conversamos com astronautas, engenheiros e cientistas sobre o trabalho que eles faziam.

Finalmente chegou o momento que todos esperávamos – o grande sorteio no final do dia. Com prêmios como uma viagem de balão de ar quente ou um voo em um caça a jato da Segunda Guerra Mundial; a tensão no auditório era palpável. Fila após fila de crianças se aproximava para ouvir os organizadores chamarem os nomes dos vencedores. Todos aplaudiram enquanto, um após o outro, os vencedores subiam ao palco.

Em pouco tempo, eles haviam chamado seis nomes, e o meu não era um deles. Examinei os vencedores cuidadosamente e, quando notei que eram todos meninos, uma onda de frustração cresceu dentro de mim. As meninas representaram cerca de um terço dos participantes, mas não houve nenhuma vencedora. A raiva explodiu em meu estômago.

O organizador anunciou o próximo prêmio – uma viagem em um jato – e vasculhou um bilhete de rifa na tigela.

Eu não aguentava mais. A plenos pulmões, gritei: "escolha uma garota!" Falei tão alto que as crianças sentadas na fileira à minha frente se assustaram e se viraram para ficarem boquiabertas com minha audácia.

Aposto que você pode adivinhar o que aconteceu a seguir. O organizador retirou um bilhete da tigela e o nome de quem foi anunciado no alto-falante? O meu.

Meu rosto corou de vergonha, mas me levantei e fui em direção ao palco através de um mar de rostos surpresos.

Embora seja possível que eu tivesse ganhado o prêmio se não tivesse gritado meus desejos em um auditório lotado, gosto de pensar que o poder da palavra falada e meu estado de paixão fizeram a magia acontecer naquele dia.

O Elo Oculto Entre a Crença e as Palavras

Precisamos prestar atenção às palavras que usamos sobre nós mesmos e nossas habilidades. As palavras que falamos criam muito do que percebemos como possível em nossa vida. Se você fala mal de si mesmo, aceite uma dica do elemento mágico do Ar e faça uma mudança. Decida falar melhor de si mesmo a partir deste exato momento. Quando você se apoiar como um amigo faria, chegará muito mais longe na vida, porque haverá menos autossabotagem. É preciso apenas um pouco de treinamento regular para substituir palavras negativas por positivas ou neutras. Uma frase como "eu nunca conseguiria fazer isso" torna-se "eu adoraria aprender a fazer isso!" Pensamentos como "estou uma bagunça hoje" tornam-se "sou fenomenalmente maravilhoso à minha maneira".

Em última análise, o que dizemos sobre nós mesmos revela uma verdade mais profunda: o quanto acreditamos em nós mesmos.

Felizmente, a crença é outro poder do elemento Ar. Pode ser que tanto suas crenças quanto suas expressões precisem ser avaliadas.

Voz

Outro aspecto da palavra falada é a voz. Quando invoquei pela primeira vez uma divindade ou um espírito, lembro-me de minha voz trêmula. Eu não estava acostumada com essa forma de comunicação. Aconteceu a mesma coisa quando falei em voz alta minhas primeiras afirmações e intenções.

Pedir o que eu queria era estranho para mim e não veio facilmente. Com o tempo, pude usar minha voz com mais autoridade e poder. Demorou muito para eu aprender a me expressar, mas é uma jornada que estou muito feliz por ter começado.

É importante ter uma voz que corresponda a como você se sente e se projeta no mundo. Ninguém pode controlar suas características genéticas, como o formato da boca ou da garganta, mas esforços podem ser feitos para enunciar mais, reduzir a nasalidade, aumentar ou diminuir o volume ou usar o diafragma para fazer uma voz soar menos engolida. Se você deseja desenvolver suas habilidades de fala, considere consultar um fonoaudiólogo ou ingressar em uma organização de oratória.

As habilidades que você aprende em apenas algumas horas podem lhe dar mais confiança para acreditar no poder de suas palavras e usá-las quando quiser.

Ter uma voz poderosa não significa se conformar com a normalidade ou ter um "sotaque perfeito". Trata-se de ter uma voz que o representa. Quando você se identifica com sua voz e acredita no poder dela, ela ressoa com os outros. Quando quiser usá-la, ficará menos intimidado e falará por si mesmo e pelos outros com mais frequência.

Você usará sua voz como um Instrumento para mudança e um crescimento mais positivo.

Através do Ar

Os poderes mágicos do vento, do som e das palavras são reconhecidos há muito tempo. Eles são tão importantes e eficazes agora, em nossa Era Moderna, quanto eram naquela época. Alguns desses estudos mágicos podem levar mais tempo para serem dominados do que outros. No entanto, reivindicar mais controle sobre eles eleva nossa compreensão interna e externa. Então, respire o vento e deixe-o inspirá-lo. Use sua voz e seja sincero no que diz. Deixe o poder dos sons elevar sua Magia. Os poderes do Ar estão sob seu comando.

but
Since
revolutions from
when θ=

Capítulo 11

MEDITAÇÕES, FEITIÇOS E RITUAIS DO AR

A MAGIA VIAJA na velocidade do pensamento. Com nossa mente, respiração e palavras, comunicamos nossos desejos ao elemento mágico do Ar. Os ventos invisíveis levam essa energia e a transmitem para longe, influenciando as coisas a nosso favor.

Como o Ar é o elemento mais transmissivo, fique atento ao seu redor durante suas práticas mágicas. A sensação pode mudar para mais quente ou mais fria, mais pesada ou mais leve ou formigante e elétrica. Às vezes, a abundância de energia e poder em uma prática mágica pode fazer você se sentir como se estivesse caminhando por uma densa névoa. Quando isso acontece, é um indicativo de que ocorreu uma mudança na energia.

As práticas mágicas deste capítulo foram escolhidas para trazer mais presença ao seu relacionamento com a energia do Ar. Correspondências suplementares deste elemento podem ser adicionadas à sua magia para aumentar a energia disponível e adicionar significados específicos.

Para as meditações deste capítulo, considere gravá-las e reproduzi-las para obter todos os benefícios. Sempre que terminar um ritual, volte ao seu corpo bebendo água e comendo um pouco de comida. Você pode querer se deitar ou relaxar – sugiro abraçar aqueles que você ama, ler um livro, meditar, dormir ou assistir a um bom programa na televisão. Siga sua intuição quando se trata dos cuidados pós-ritual que precisa.

Magia para Entrar em Contato com o Elemento Ar

Meditação do Vaso de Ar

Esta meditação fortalecedora alinha o corpo e a mente com o elemento mágico do Ar. Ao trazer a energia do ar puro para dentro do corpo, você se conecta com a expansividade do ar, com a espiritualidade, com os aspectos das mudanças e ainda com a comunicação, inspiração e quaisquer outros atributos do elemento Ar que desejar trazer. Eu uso essa técnica para garantir que minha mentalidade seja apropriada antes de qualquer Magia do Ar, como trabalho espiritual ou Bruxaria do Clima.

Comece fechando os olhos. Faça algumas respirações profundas. A cada expiração, libere seus pensamentos e emoções. Imagine que seus pensamentos e emoções são partículas dentro de você. Cada respiração libera seus pensamentos no ar, tornando sua energia mais pura. A cada inspiração, sinta o elemento mágico do Ar. Visualize isso como uma energia estimulante e edificante que torna a energia dentro de seu corpo ainda mais clara. Continue respirando até sentir uma mudança sutil.

Imagine que você é um recipiente cheio do elemento mágico do Ar. Você pode visualizar isso como uma energia translúcida dentro de seu corpo, ou pode se imaginar como um vaso claro cheio de ar rodopiante. Continue respirando profundamente e encha seu vaso com ainda mais energia. Quando você atingir o ápice de quanta energia do ar puder suportar, mantenha-se assim por um momento ou dois, sentindo a magia deste elemento dentro de você. Medite em ser o receptáculo pelo tempo que desejar.

Quando quiser retornar sua consciência a um estado mais aterrado, expire qualquer energia do elemento Ar estranha da qual não precisa mais, lembrando-se de guardar um pouco para si. Se precisar de aterramento adicional, imagine que seu corpo está conectado com a energia da terra. Coloque as mãos no corpo ou na terra ou segure uma pedra de aterramento, como a hematita. Com tempo e prática, você conseguirá canalizar essa energia com maior facilidade para utilizá-la sempre que precisar.

Feitiço Sopro Mágico dos Desejos

Sempre que combinar as qualidades pessoais e mágicas do elemento Ar, procure transformar sua respiração de uma tarefa diária básica em uma respiração mágica. Isso pode ser usado para trabalho de transe e meditação, limpar e carregar objetos e transmitir seus desejos ao mundo. Uma das maneiras mais comuns usadas na magia do sopro é o desejo na hora do bolo de aniversário. Felizmente, você não precisa esperar pelo retorno solar. Recomendo usar um cupcake com este feitiço para tornar o momento ainda mais especial, mas um castiçal também funcionará.

MATERIAL

- Castiçal ou cupcake
- Isqueiro
- Vela de aniversário

Acenda a vela, apague as luzes e olhe para a chama. Pense em quão longe você chegou no ano passado e onde gostaria de ir. Cante uma música – quase qualquer música serve, mas deve ser fortalecedora. Enquanto canta, invoque o elemento mágico do Ar dentro de você. Ouça os sons de suas palavras e imagine-as mudando o Ar ao seu redor com suas ondas sonoras. Continue a cantar até sentir sua energia aumentar.

Feche os olhos e expresse seu desejo em sua mente. Leve o tempo que precisar para acertar. Quando estiver pronto, abra os olhos e apague a vela com seu sopro mágico. Visualize esta respiração espalhando seu desejo aos quatro ventos que sopram em todo o mundo. Coma o cupcake e comemore a realização do seu desejo.

Feitiço de Limpeza com o Vento

Há algo de muito energizante estar ao ar livre em um dia de vento. Isso sempre me inspira a liberar aquilo de que não preciso. Para este feitiço, você pode esperar a chegada de uma brisa ou pode ir para um local com vento, como uma colina, uma cordilheira ou um grande corpo de água. Você pode até fazer isso no carro com as janelas abertas, se não estiver dirigindo.

MATERIAL

- Um local com muito vento

Quando o vento aumentar, inspire-o. Sinta-o tocar sua roupa, seu corpo, cabelo e pele. Quando sentir uma conexão com o elemento Ar, diga as palavras:

VENTO PODEROSO, LIMPE-ME.
TIRE A ENERGIA QUE VOLUNTARIAMENTE DERRAMO.
DEIXE-A VIAJAR PARA LONGE DE MIM, PARA LONGE,
PARA NUNCA MAIS SER VISTA.

Imagine o vento soprando através de você e o limpando em um nível energético. Libere qualquer coisa que pareça querer ir embora – simplesmente, deixe ir. Visualize qualquer coisa que não precisa mais fluindo para longe com o vento.

Feitiço do Carrilhão de Vento para Felicidade

Você pode usar o poder do vento em sua magia mesmo quando não estiver por perto. Neste feitiço, os sinos de vento representam a magia da felicidade sempre que o vento sopra.

MATERIAL

- Óleo essencial de néroli
- Sinos dos ventos em tons alegres

Vá para fora com seus sinos e unte-os com óleo de néroli. Respire fundo e concentre-se em como é a felicidade para você. Unja cada carrilhão, o badalo e a vela no meio. Segure os sinos no Ar e diga:

PODEROSO ELEMENTO AR, ESTEJA COMIGO!
ENCANTE ESSES SINOS COM A ENERGIA DA PURA FELICIDADE!
CADA VEZ QUE O VENTO SOPRAR, QUE ESSA MAGIA SE RENOVE
E O BOM ÂNIMO POSSA SE ESPALHAR.

Segure os sinos no ar até que o vento os faça soar. Agradeça ao vento e pendure-os em algum lugar que pegue o vento com frequência.

Magia para Poderes Mentais

Feitiço do Chá para uma Mente Afiada

Se você quer mais foco, uma boa xícara de chá pode ajudar bastante. Este feitiço simples usa ervas conhecidas por clarear a mente e aumentar o fluxo sanguíneo para o cérebro. Embora não contenha cafeína, é tão mentalmente estimulante que eu não recomendo beber dentro uma hora antes de dormir.

MATERIAL

- Bule de chá
- Capim-limão
- Chaleira de chá
- Colher (de prata se possível)
- Erva-cidreira
- Eufrásia
- Ginkgo
- Gotu kola
- Hissopo
- Hortelã-pimenta
- Tigela para misturar ervas chaleira
- Xícara de chá em uma cor do elemento Ar fortalecedora associada à mente, como roxo, azul ou branco.

Coloque as ervas e a tigela à sua frente. Uma de cada vez, pegue uma pitada de cada erva e concentre-se em sua energia antes de jogá-la na tigela. Quando todas as ervas forem adicionadas, jogue o chá ao ar um pouco para misturá-las.

Para preparar o chá, use uma colher de sopa ligeiramente arredondada para cada xícara de 30 ml. Enquanto o chá está em infusão, mexa-o no sentido horário com a colher de prata e recite o feitiço:

Chá mágico, a cada gole
Eu invoco sabedoria, foco e sagacidade.
Insights, inteligência, clareza,
Análise, discernimento, habilidade.
Abençoe minha mente com as forças do Ar.
Que assim seja, assim eu declaro!

Respire fundo o vapor pelo nariz. Desenhe a energia quente dentro de você e direcione-a para limpar sua mente. Quando o chá estiver frio o suficiente para beber, sinta a energia positiva fortalecer sua mente.

Feitiço da Bolsa de Amuletos para Pensamentos Positivos

Essa charmosa bolsa é muito edificante – as ervas e os cristais aliviam as preocupações e permitem que você se eleve. A fragrância permanece por algum tempo e uma lufada pode elevar a mente a dimensões mais positivas.

Material

- Apofilita
- Eufrásia
- Fio ou barbante longo o suficiente para fechar a bolsa e possivelmente usá-la como um colar
- Fluorita
- Hortelã
- Manjericão
- Manjerona
- Margarida

- Óleo de menta
- Quartzo claro
- Tigela
- Um quadrado de tecido de uma cor alegre, aproximadamente do tamanho da palma da mão

Segure cada uma das ervas e cristais e conecte-se com seus espíritos, depois, adicione-os à tigela. Quando todos forem adicionados, misture-os com o dedo indicador direito e diga:

PENSAMENTOS NEGATIVOS, DESAPAREÇAM DE MIM.
AGORA SOU ABENÇOADO COM POSITIVIDADE.
COMO EU QUERO, ASSIM SERÁ.

Coloque a mistura no quadrado de pano e pingue três gotas de óleo de hortelã-pimenta na mistura. Inspire profundamente e sinta o aroma limpar e elevar sua mente. Amarre o saco fechado com nove nós para representar a sabedoria de escolher pensamentos positivos.

Ritual para Objetividade

Este ritual usa o símbolo alquímico do Ar e imagens das antigas pirâmides egípcias. As bases das pirâmides contêm os mortos e todos os seus pertences. Os topos dourados tinham um propósito diferente – eles tinham hieróglifos do benu, pássaro parecido com uma fênix, que simboliza transformação, renascimento, espiritualidade e elevação acima das questões terrenas.

MATERIAL

- Caneta
- Capim-limão
- Carvão para incenso e incensário
- Hissopo
- Hortelã
- Isqueiro
- Louro

- Pedaço de papel
- Sálvia
- Temperos de verão

Moa o incenso enquanto se concentra em obter mais objetividade em sua vida e depois o acenda. Enquanto queima, anote os pensamentos ou imagens que se repetem em sua mente. Por exemplo, você pode escrever "preso, sem esperança e vazio". Desenhe a metade inferior do símbolo do Ar. Isso tem a forma de um trapézio isósceles ou um triângulo com o topo cortado.

Com seus quatro lados, esta forma carrega a importante energia do número 4, que está ligada à consciência, à ancoragem e ao crescimento. No entanto, quando mal aspectado, pode representar disciplina severa, raiva, julgamento, muita cautela, ressentimento, trabalho duro e uma energia pesada. Isso representa onde você está neste momento e tudo o que deseja superar. Trace a forma quatro vezes enquanto pensa na lista de coisas que anotou. Quando estiver pronto para ganhar objetividade, abaixe a caneta, respire fundo e recite o seguinte feitiço:

A CADA RESPIRAÇÃO, ACIMA VOU ME ELEVAR
DESSES PENSAMENTOS INÚTEIS QUE NÃO QUERO LEVAR.

Respire fundo e inale a fumaça do incenso. Traga o elemento mágico do Ar em sua mente e sinta sua energia começar a subir.

Pegue sua caneta novamente e desenhe a parte superior do símbolo do Ar (um triângulo) acima do trapézio. Com três lados, o triângulo e o número três estão associados à felicidade, força, objetividade, comunicação, generosidade, clareza mental, diversão, espiritualidade e criatividade. Risque as primeiras coisas que escreveu e escreva o oposto. Por exemplo, se você escreveu "preso, sem esperança, vazio", risque-os e escreva "livre, inspirado, cheio de vida". Trace o novo triângulo três vezes e diga:

COM PERSPICÁCIA, CLAREZA E MUITA OBJETIVIDADE,
EU ME ELEVO ACIMA DAQUELES PENSAMENTOS
QUE ME PRENDEM SEM MOBILIDADE.

Trace o símbolo inteiro do elemento Ar cinco vezes. Cinco é o número que representa a liberdade, a acuidade e a energia espiritual ativa. É também o número de pontos em uma pirâmide. Imagine olhar para os seus problemas de uma grande altura. Esses problemas ainda o incomodarão daqui a um ano? Em cinco anos? Diga:

AGORA VEJO COM OBJETIVIDADE.
COMO A FÊNIX, ELEVADA E EM LIBERDADE.

Pendure o papel sobre a fumaça do incenso para selar o símbolo e suas palavras. Deixe o incenso queimar completamente.

Magia para Comunicação

Poder do Feitiço da Palavra Falada

Muitas vezes as pessoas não dizem o que realmente desejam. Falar a verdade sobre seus desejos em voz alta é poderoso. Isso aumenta sua realização interior dessa energia e ajuda a atrair o que procura. Este feitiço pode ser sobre atrair algo, tornar-se algo ou trazer coragem para falar a sua verdade em voz alta.

MATERIAL
- Óleo essencial de lavanda (diluído em um óleo carreador)
- Sodalita

Unja sua garganta com o óleo de lavanda e coloque a pedra sodalita em seu pescoço. Respire fundo algumas vezes e pense no que você realmente quer dizer. Inspire profundamente, trazendo o elemento mágico do Ar para os pulmões. Fale em voz alta com uma voz clara e forte pelo tempo que precisar. A energia de suas palavras viajará para o plano mágico do Ar, onde começará a afetar seu corpo, mente e espírito.

Feitiço para Abençoar os Instrumentos de Comunicação

A comunicação geralmente ocorre com instrumentos, como lápis, canetas, papel, microfones, telefones e computadores. Abençoar esses instrumentos pode ajudá-lo a escrever ou falar com mais eloquência. Se não puder levar seu computador de mesa para fora, leve seu teclado.

MATERIAL

- Seus Instrumentos de comunicação
- Um álamo ou um sabugueiro com folhas
- Um recipiente com água de uma nascente, riacho ou lago

Sente-se embaixo da árvore, disponha seus instrumentos para que toquem o tronco da árvore, abra a jarra de água, despeje-a no chão e diga:

COM ESTA ÁGUA, ÁRVORE DE FORÇAS PODEROSAS,
PEÇO BÊNÇÃOS PARA TUDO O QUE VOCÊ ENXERGAR.
QUE VENHAM ATÉ MIM PALAVRAS PRECIOSAS,
QUANDO O AR ENTRAR SUAS FOLHAS VÃO SOPRAR.

Espere até que o vento sopre e permaneça ali por pelo menos alguns minutos. Quando sentir que está na hora de partir, recolha seus pertences, agradeça à árvore e vá embora.

Feitiço com Vela para Criatitividade

A criatividade é uma forma elevada de comunicação que inclui pensar, planejar, imaginar e focar em ideias. Pode ser necessário reunir muita energia para sustentar atividades criativas, especialmente no início. Felizmente, existem atalhos mágicos. É melhor fazer um trabalho criativo logo após fazer a vela, mas ainda funcionará se você precisar esperar.

MATERIAL

- Faca de entalhar
- Isqueiro
- Lápis

- Óleo essencial de alecrim (diluído em um óleo carreador)
- Papel
- Vela de pilar azul sem vidro

Com o lápis e o papel, desenhe um sigilo para sua criatividade que expresse seus processos criativos, objetivos e como as artes criativas fazem você se sentir. Esculpa o sigilo no meio da vela e, em seguida, espalhe o óleo por toda parte enquanto se concentra na energia do seu sigilo. Pressione o polegar no sigilo para ativá-lo e diga:

QUE ESTA VELA MINHA ENERGIA CRIATIVA POSSA SUSTENTAR!
PEÇO INSPIRAÇÃO E FOCO ENQUANTO SUA LUZ BRILHAR.

Acenda a vela e comece seu trabalho criativo. Apague-a quando parar de trabalhar.

Magia para Mudança

Feitiço com Frasco para Criar um Novo Começo

Este feitiço com um frasco para quem quer um novo começo usa várias correspondências do elemento Ar para iniciar uma mudança em sua vida.

MATERIAL

- Agulhas de pinheiro
- Angélica
- Carta de Tarô do Louco
- Incenso
- Lápis
- Olíbano
- Papel
- Quartzo claro
- Sal
- Sálvia

- Sementes de zimbro
- Tesoura
- Uma jarra
- Uma pequena mecha de cabelo
- Verbena

Acenda o incenso e limpe a carta do Louco, depois coloque-a no seu altar. Passe cada ingrediente pela fumaça do incenso, toque-os na carta do Louco e coloque-os na jarra. Corte um pedaço de papel que caiba sobre a carta de Tarô. Cubra a carta do Louco com o papel e trace delicadamente as linhas da lamina com o lápis. Desenhe uma de suas características distintivas no Louco, como uma joia ou uma taça. Coloque o desenho na jarra. Adicione fumaça de incenso ao frasco e feche-o. Enterre a jarra na terra ou em um vaso de plantas como se estivesse plantando uma semente. Por três semanas, regue dia sim, dia não e diga o quanto está crescendo. Na quarta semana, você pode tirar a carta do Louco de seu altar, confiante em seu novo começo

Feitiço para Dispersar

Este feitiço usa o vento para liberar as energias que você não deseja mais. É uma maneira poderosa de seguir em frente simbólica e literalmente. Devido ao uso de lápis ou marcador, recomendamos que este feitiço não seja feito próximo ou sobre um corpo d'água.

Material

- Athame (opcional)
- Pétalas de flores ou folhas (secas ou frescas)
- Um marcador de ponta fina ou um lápis

Vá para um local um tanto reservado onde possa soltar pétalas de flores ou folhas, de preferência ao vento. O melhor lugar para este feitiço pode ser uma seção de um parque que não é visitado com frequência.

Respire fundo e pense nas questões que deseja liberar. Escreva-os nas folhas ou pétalas. Se preferir não escrever, desenhe um símbolo. Quando estiver pronto, fique de pé com o vento nas costas, segurando as pétalas ou folhas e diga:

RETENHO A SABEDORIA DA SUA LIÇÃO, MAS VOU TE LIBERAR
EU LIBERTO SUA ENERGIA,
SOB SEU DOMÍNIO NÃO QUERO MAIS ESTAR.
NÃO PRECISO MAIS DE VOCÊ AGORA.
POR ISSO, ESPALHO SUA ENERGIA AOS VENTOS DO MUNDO
SEM DEMORA.

Solte os itens um de cada vez no vento. Sinta as coisas que escreveu viajando pelo ar, para longe de você. Esses problemas não são mais seus. Visualize a energia desses itens sendo transformada pela terra. Se desejar, use um Athame para cortar o cordão entre você e essa energia. Quando terminar, vire-se e encare o vento. Respire fundo, inspire o ar fresco e sinta a energia diferente dentro de você. Afaste-se do que deixou e não olhe para trás.

Ritual para Conjurar os Ventos da Mudança

A energia de transformação e mudança pode ser invocada sempre que quiser que sua magia se realize mais rápido ou quando quiser que uma situação não mágica aconteça. Uma maneira de fazer isso é convocar os ventos da mudança, também conhecidos como "os quatro ventos". O ritual usa os Deuses gregos do vento, conhecidos como *Anemoi*, porque muito já foi escrito sobre eles, e começa pelo Leste, porque é assim que a maioria dos Círculos é lançada. No entanto, você pode usar diferentes associações e iniciar o ritual de frente para outra direção.

Este ritual é particularmente emocionante de ser feito ao ar livre. Os ventos podem soprar e tocar sinos de vento ou brincar com qualquer outro brinquedo de vento que possa ter. Se você os tiver dentro de casa, abra as janelas, se possível, ou use um ventilador para agitar o ar.

Material

- Incenso
- Isqueiro
- Vassoura

Acenda o incenso, respire fundo e encha os pulmões. Expire, liberando quaisquer pensamentos ou sentimentos. Segure a vassoura, vire-se para o Leste e olhe para o céu e para o ar. Leia a energia do elemento Ar nessa direção até sentir sua consciência. Quando sentir que ele está ciente de sua presença, chame-o:

Eu invoco o Vento Leste,
Eurus, portador da chuva e do calor.
Envie sua energia e poder para o meu ritual.
Saudações e seja bem-vindo!

Vire-se para o Sul e sinta a energia do elemento Ar daquela direção. Quando parecer ganhar vida, chame-o:

Eu invoco o Vento Sul, Notus, portador do calor!
Envie sua energia e poder para o meu ritual.
Saudações e seja bem-vindo!

Vire-se para o Oeste e, mais uma vez, sinta o elemento Ar e espere que ele sinta sua presença.

Eu invoco o Vento Oeste, Zephyrus,
Deus das suaves brisas da primavera.
Envie sua energia e poder para o meu ritual.
Saudações e seja bem-vindo!

Vire-se para o Norte e espere sentir um espírito daquela direção.

Eu invoco o Vento Norte, Bóreas, portador do frio!
Envie sua energia e poder para o meu ritual.
Saudações e seja bem-vindo!

VENTOS DE MUDANÇA, EU OS CHAMO HOJE PARA PEDIR QUE
ME AJUDEM A MUDAR MINHA SITUAÇÃO!

Fale sobre a situação que você deseja mudar. Diga a eles o que precisa ser mudado e a maneira que gostaria que eles mudassem. Isso deve ser adaptado às suas necessidades. Por exemplo, para trazer mudanças positivas em sua vida, diga algo como:

ESPÍRITOS DO VENTO,
ESTOU PRONTO PARA AS TRANSFORMAÇÕES EM MINHA VIDA.
PEÇO QUE ENVIE BOA SORTE, BOAS EXPERIÊNCIAS
E BOAS PESSOAS PARA MIM.

Se você se sentir bloqueado criativamente, diga algo como:

PODEROSOS VENTOS!
CONVIDO VOCÊ A PEDIR QUE REMOVA
MEU BLOQUEIO CRIATIVO.
COM SEUS GRANDES PODERES,
DEIXE MINHA ENERGIA CRIATIVA FLUIR NOVAMENTE!

Se você deseja focar em um feitiço de amor, diga algo como:

EU LHE PEÇO, Ó VENTOS PODEROSOS,
QUE SOPREM SOBRE TUDO,
FAÇAM AVANÇAR A MAGIA DE AMOR
QUE LANCEI NA LUA NOVA.
ENVIE-ME UM PARCEIRO DE ACORDO
COM O FEITIÇO DE AMOR QUE LANCEI.

Com um movimento para cima, varra a energia ao seu redor com a vassoura. Visualize a energia sendo levantada no ar. Veja-a ser jogada ao vento e ele a pegando e a modificando. Depois que a energia for captada e transformada, dance com a vassoura para aumentar ainda mais a energia. Tente varrer longos movimentos circulares com a vassoura, estenda-a enquanto gira ou gire-a com os dedos. Incorpore a energia que deseja ter.

Quando a energia tiver aumentado, fique de pé com os braços estendidos e as pernas afastadas pelo menos na distância do quadril e então diga:

Soprem, ventos de mudança!
Avance minha Magia.
Remova meus obstáculos.
Traga boa sorte e mudanças em minha vida.
Que assim seja!

Visualize o resultado desejado e libere-o para o céu acima de você. Quando sentir que a mensagem foi recebida, vire-se na direção apropriada e libere-os.

Vento Norte Bóreas, Vento Oeste Zephyrus,
Vento Sul Notus e Vento Leste Eurus,
obrigado por sua ajuda. Eu libero vocês.

Nas próximas semanas, preste atenção quando os ventos soprar. Eles podem estar tentando chamar sua atenção. Ouça o que eles têm a dizer.

Magia para Viagens

Amuleto para uma Viagem Segura

Viajar pode ser realmente emocionante, mas mudanças constantes, comunicação extra e ambientes desconhecidos pode desgastar o cérebro. Você pode precisar de um impulso extra de energia para lembrar de todos os seus pertences. Este feitiço foi criado para garantir viagens seguras e uma presença de espírito positiva.

Material

- Cristal de quartzo-fumê do tamanho aproximado de um dedo mindinho
- Óleo de hortelã-pimenta
- Um pequeno pedaço de papel alumínio ou folha de estanho do tamanho de dois selos postais

Antes de sair de viagem, segure o óleo, o papel alumínio e o quartzo em suas mãos. Sinta sua energia edificante e visualize seu sucesso ao longo de suas viagens. Despeje o óleo sobre a folha de alumínio. Dobre a folha e enrole-a no meio do quartzo enfumaçado enquanto diz:

AMIGOS DO AR, ENCARREGO-VOS DESTAS TAREFAS:
CONCEDAM-ME VIAGENS SEGURAS E PROTEGIDAS.
ABENÇOE MINHAS CONEXÕES DE VIAGEM EM TODOS OS LUGARES ONDE DESCANSO.
MANTENHA MINHA MENTE AFIADA E CLARA.
DEIXE-ME COMUNICAR AS PALAVRAS CERTAS PARA AS PESSOAS CERTAS NOS MOMENTOS CERTOS.
QUE MINHAS VIAGENS SEJAM UMA BÊNÇÃO PARA TODOS.
QUE ASSIM SEJA!

Embale o feitiço em sua mala de viagem ou bagagem de mão. Leve-o com você para onde for para obter maior proteção e sorte.

Feitiço "casa é onde eu descanso minha cabeça"

Este feitiço foi desenvolvido para levar um pouco do seu lar com você, onde quer que suas viagens o levem. Usa um bicho de pelúcia e muitas correspondências do elemento Ar.

MATERIAL

- Almofariz e pilão
- Duas colheres pequenas de terra do seu quintal ou de um vaso de planta (seca)
- Linha e agulha
  Pelos de animais de estimação (se aplicável)
- Tesoura
- Um bicho de pelúcia, como um pássaro ou morcego
- Um par de pequenos pedaços de cristal de quartzo transparente (se aplicável)
- Um pequeno pedaço de uma camiseta limpa e velha de um membro da família, cortada em pedacinhos (opcional)
- Uma ou duas pitadas de dente-de-leão

- Uma pequena folha de confrei
- Uma pitada de flores vara-de-ouro (pule se você for alérgico)
- Uma tigela grande

Com um almofariz e pilão, triture as ervas até virarem pó. Adicione um pouco de terra e triture junto. Coloque esta mistura na tigela grande e adicione os cristais, os pelos de animais e a peça de roupa. Com uma tesoura, faça um pequeno orifício na pelúcia em algum lugar não muito perceptível. Retire o recheio: coloque metade na tigela e reserve a outra parte. Misture tudo na tigela, cubra e deixe descansar durante a noite.

No dia seguinte, destampe a tigela e use a mistura para rechear a pelúcia. Se necessário, acrescente o recheio reservado. Feche a costura e durma com seu bichinho de pelúcia em casa antes de começar a viagem. Quando for viajar, coloque-o em suas malas. Desembale-o quando chegar no local e coloque-o na sua cama de viagem. Abrace o bichinho de pelúcia sempre que precisar se sentir conectado com sua casa novamente.

Feitiço da Água de Mercúrio para Bênçãos nas Viagens

No dia 15 de maio, os antigos romanos celebravam a Mercurália, em homenagem ao nascimento de Mercúrio. Eles cortavam um ramo de louro, mergulhavam na água de uma fonte e aspergiam em suas cabeças, em suas mercadorias e nos navios. Orações eram ditas a Mercúrio na esperança de que ele abençoasse seu futuro com sorte e fortuna. Mercúrio é um viajante experiente e a Água de Mercúrio auxilia os viajantes com energias de comunicação, sorte e poder.

MATERIAL

- Água de uma nascente, se possível
- Folhas de louro

- Frasco de spray de tamanho viagem (ou seja, para spray de cabelo)
- Tesoura

Corte as folhas de louro em tiras compridas e coloque-as no borrifador. Enquanto despeja a água, diga:

EU INVOCO MERCÚRIO DE PÉS VELOZES,
MENSAGEIRO DOS DEUSES.
PEÇO QUE ME GUIE EM MINHAS VIAGENS.
COM SORTE, FORTUNA E SABEDORIA!

Agite o frasco e coloque-o sob a luz do sol por uma hora. Ao sair para a viagem, borrife levemente em si mesmo, em sua bagagem, em seu veículo e em qualquer outra coisa que estiver indo com você. Leve a água com você e use-a quando chegar. Enquanto borrifa a água, diga:

MERCÚRIO, OUÇA MINHA INVOCAÇÃO.
EM TUDO QUE VOCÊ VÊ, PEÇO A SUA BÊNÇÃO!

Magia Espiritual

Feitiço para Atrair um Silfo

Como o menor dos espíritos do Ar, os silfos têm uma energia leve e efervescente. Eles são bastante amigáveis e gostam de brincar, de serem vistos e de ajudar. Este feitiço usa bolhas para atraí-los e oferece a opção de trabalhar com eles de outras maneiras.

MATERIAL

- Ar livre
- Bolhas

Para fazer amizade com um silfo, saia para o ar livre. Deixe sua expressão ser leve, arejada e amigável. Canalize o elemento Ar em seu comportamento. Comece a soprar bolhas com sua respiração mágica, concentrando-se no elemento Ar enquanto expira. Continue molhando o bastão e soprando mais bolhas enquanto diz:

VINDE A MIM, SILFOS, ESPÍRITOS DO AR!
EU SOPRO ESSAS BOLHAS PARA O SEU JOGO!

Ao sentir a presença de um espírito de luz por perto, incentive-o a brincar com as bolhas até vê-las fazer coisas estranhas, como serem jogadas em um redemoinho ou ficarem paradas em um ponto sem se mover. Você pode continuar soprando bolhas para eles, o que provavelmente será uma experiência divertida. Ou pode pedir a uma sílfide para trabalhar para você. Peça a ela para realizar uma tarefa simples como recompensa por uma guloseima mais tarde. Por exemplo:

SE VOCÊ DISSER AO ANDRÉ QUE VOU LEVAR BOLO DE
CHOCOLATE PARA A FESTA, DEPOIS LHE ACENDO UM INCENSO.

Os silfos podem fazer Magia de Clima leve, retransmitir mensagens, ajudar com questões intelectuais relacionadas ao Ar e trazer energia criativa. Se estiver tendo problemas para invocar um, experimente tocar música ou queimar incenso para atraí-los. Se o vento soprar demais ou você começar a sentir tonturas, agradeça e diga adeus.

Feitiço para se Conectar com o Espírito de um Pássaro

Os pássaros são criaturas fascinantes. Raramente conseguimos comungar com muitos deles, no entanto. Se você trabalhar com um pássaro em particular em sua magia, poderá entrar em contato com sua energia. Esta prática invoca o espírito coletivo de um certo tipo de pássaro usando suas penas. Esta é provavelmente a melhor magia para trabalhar com pássaros, a menos que esteja extremamente familiarizado com um pássaro específico e sinta que eles permitiriam que você se conectasse com eles.

MATERIAL

- Uma pena

Segure a pena em suas mãos e comece a desacelerar sua respiração. Observe todas as características da pena – as cores, os padrões (se houver) e outras qualidades físicas dela. Sintonize sua energia com a do pássaro. Imagine que o pássaro está diante de si e faça uma reverência lenta para isso. Diga seu nome comum três vezes e depois diga:

QUE MENSAGEM VOCÊ TEM PARA MIM?

Ouça a resposta e agradeça.

Ritual para Invocar um Espírito

Várias culturas acreditam que os espíritos absorvem nossas oferendas. A energia do Ar, na forma de queima de incenso, é uma excelente oferenda para invocar os espíritos. Você pode querer convocar seus mortos amados, um familiar, uma musa, um espírito guardião ou qualquer outro espírito com o qual queira se comunicar.

Embora não seja necessário um ritual de invocação para falar com espíritos, esse processo formaliza o encontro com um novo espírito, garantindo proteção contra espíritos maléficos ou caóticos. Este feitiço de convocação também pode conjurar um espírito que não respondeu quando você chamou anteriormente de uma forma mais casual.

Oferecer incenso pode ser uma prática em si ou pode ser incorporado a um ritual maior. Você pode fazer isso a qualquer momento, mas seria especialmente benéfico durante a temporada de Samhain, quando o véu entre os mundos é mais fino. As ervas deste incenso facilitam a comunicação com todos os tipos de espíritos. Se você não pode queimar incenso, use frascos de spray com uma combinação de óleos essenciais e chá forte.

Material

- Almofariz e pilão
- Espaço privado
- Ferramenta de adivinhação, como Tarô
- Ferramenta de escrita
- Incenso de Samhain do Capítulo 12
- Pelo menos trinta minutos de seu tempo
- Seu Livro das Sombras
- Um disco de carvão vegetal
- Um isqueiro ou fósforos
- Um suporte de incenso
- Uma vela preta (qualquer tamanho)

Limpe sua área ritual com ervas ígneas ou seu método preferido. Faça um Círculo ao seu redor para proteção. Para garantir a segurança com os espíritos, invoque os Guardiões Elementais do Ar ou use uma frase protetora, como, por exemplo:

Eu convoco meus espíritos guardiões para manter os espíritos indesejados afastados.
Nenhum espírito deve entrar neste círculo, exceto aqueles que têm em mente o meu bem maior
(ou aqueles que eu invoco).

Acenda a vela, respire profundamente e deixe cada respiração limpar sua mente de qualquer pensamento até que se sinta como um vaso claro cheio de Ar. Permita-se entrar em um estado mental de transe leve. Misture o incenso, usando sua intuição para saber quanto adicionar de cada ingrediente.

Moa o incenso com um almofariz e pilão. Inspire profundamente a mistura e deixe que seus aromas afastem seus pensamentos. Ao moer, recite sua intenção para o propósito do incenso na invocação. Por exemplo:

ABRA MINHA MENTE PARA ME COMUNICAR COM OS ESPÍRITOS.

Seja mais específico se desejar. Repita a intenção várias vezes enquanto entra cada vez mais fundo em um estado de transe. Deixe sua energia se alinhar com suas palavras e com as ervas até sentir-se uno com elas.

Acenda o carvão vegetal. Deixe queimar por alguns minutos enquanto medita. Quando o disco estiver pronto, adicione uma pitada de incenso e chame sua magia de volta para você. Chame o incenso para fazer o trabalho para qual o programou. Faça isso enquanto se concentra em sua magia ou envia um empurrãozinho de sua energia a ela. Deixe que ela reaja ao seu comando e ganhe vida. Você pode experimentar essa sensação ao ouvir o feitiço que proferiu enquanto o incenso queima, ou pode sentir a energia subir com a fumaça. Se você for uma pessoa mais visual, poderá ver a energia do incenso.

Jogue o incenso em sua direção e inale a fragrância das ervas ígneas. Deixe os aromas saturarem sua mente e faça as últimas mudanças energéticas para entrar no estado mental do Outromundo.

Com uma voz clara e forte, convoque um espírito falando seu nome ou propósito e uma invocação para eles. Fale suas palavras no incenso – deixe as palavras se combinarem e subirem com a fumaça. Por exemplo:

INVOCO O ESPÍRITO DE LAURIE DEMARCO, MINHA AMADA TIA FALECIDA. LAURIE, INVOCO SEU ESPÍRITO E PEÇO QUE FIQUE COMIGO. EU OFEREÇO ESTE INCENSO PARA VOCÊ. VENHA, AJUDE-ME EM MEU TRABALHO MÁGICO PARA ABENÇOAR E PROTEGER ESTE LAR.

Ou:

EU INVOCO UM ESPÍRITO QUE ESTÁ INTERESSADO
EM SE TORNAR MEU FAMILIAR.
VENHA A MIM E TORNE SUA PRESENÇA CONHECIDA.

Quando perceber a presença de um espírito, peça que ele fale com você. Ouça com sua segunda audição a voz deles. Isso pode parecer como seus pensamentos, mas com um sotaque ou voz diferente. Ouça o que eles têm a dizer. Faça perguntas sobre qualquer coisa, incluindo o futuro, o presente ou o passado. Você pode pedir presentes ou insights. Pode até perguntar sobre o Outromundo.

Depois de ouvir a mensagem, anote-a em seu Livro das Sombras para não esquecer. E se desejar, use cartas de Tarô, um pêndulo ou alguma outra forma de adivinhação para discernir a mensagem. Você pode também tentar escrever automaticamente com o espírito ou tentar uma experiência fora do corpo. Se estiver encontrando seu familiar pela primeira vez, evite grandes atos mágicos até que a confiança seja desenvolvida entre vocês, de preferência durante várias sessões. Coloque incenso adicional ao carvão a cada poucos minutos. Isso mantém sua mentalidade sobrenatural e também continua a alimentar os espíritos.

Assim que terminar de falar com um espírito, agradeça e diga adeus. Ao sentir que eles se foram, respire uma ou duas vezes para fazer uma pausa. Se desejar, pode limpar o Círculo enviando uma rajada de energia azul ou violeta flamejante de seu peito até sentir que ele está limpo. Isso remove qualquer energia restante que não seja sua. Isso gasta energia, portanto, faça-o com moderação se tiver pouca energia ou se for novo na técnica geral. Invoque outros espíritos, se desejar.

Quando terminar o ritual, agradeça aos seus espíritos guardiões e libere o Círculo. Retorne ao seu corpo comendo um pouco de comida e bebendo água. O trabalho espiritual consome muita energia e pode ser muito desgastante para algumas pessoas. Estar ciente disso vai protegê-lo de uma ressaca energética e de se sentir esgotado.

Se tiver bons benefícios com essa prática, use o mesmo incenso sempre que invocar esses espíritos. Mantenha o controle sobre o que usou e como eles tiveram sucesso em ajudá-lo. Altere a receita para refiná-la de acordo com suas necessidades. Você pode querer usar este incenso e método para manter contato com eles regularmente.

Ritual para se Comunicar com um Espírito pela Psicografia

Psicografia é um método antigo de entrar em transe para se comunicar com os espíritos enquanto escreve suas palavras. O estado de transe desliga o córtex cerebral, a parte do cérebro responsável pelo pensamento e pela linguagem. Com a mente vazia, o escritor automático deixa a ferramenta de escrita se mover por conta própria, ou faz perguntas e recebe respostas.

MATERIAL

- Livro das Sombras ou papel
- Um isqueiro ou fósforos.
- Um quarto escuro
- Uma caneta que flui facilmente sobre o papel, mas não permite que a tinta vaze se não estiver em movimento
- Uma vela (de qualquer tamanho ou formato)

Escolha um horário e um local onde não será incomodado por algumas horas. Limpe seu espaço, lance um Círculo protetor e chame seus espíritos guardiões. Acenda a vela.

EU ACENDO ESTA VELA E CONVOCO UM ESPÍRITO PRESTATIVO
QUE TEM APENAS MEUS MELHORES INTERESSES EM MENTE.
FIQUE COMIGO AGORA, ESPÍRITO,
PEÇO QUE ME AJUDE COM A ESCRITA AUTOMÁTICA E ME
REVELE OS SEGREDOS DO MUNDO.

Limpe sua mente. Respire fundo e depois esvazie os pulmões. Repita mais uma vez.

Na próxima inspiração, inspire a energia do elemento Ar e do Espírito. Deixe esse sentimento saturar sua mente e corpo. Veja-o como uma energia que o envolve. Continue a respirar profunda e ritmicamente, seguindo qualquer padrão que o leve a um estado mental de transe.

Quando se sentir pronto, pegue a ferramenta de escrita e segure-a de forma que toque o papel e segure o papel com a outra mão.

Posicione-se de modo a ficar confortável para escrever. Inspire novamente a energia do Ar e do Espírito.

Deixe-se levar por esta energia expansiva. Deixe a caneta começar a se mover em sua mão.

Se esta é a primeira vez que tenta escrever automaticamente, solte a mão enquanto sua mente divaga. Tente realmente aproveitar esse sentimento e apenas explore o que vier. Assim que se sentir proficiente nisso, faça perguntas – pergunte o que significam certas frases, quem é o espírito, por que algo está acontecendo em sua vida e assim por diante.

As perguntas podem ser faladas em voz alta ou escritas. Continue escrevendo enquanto recebe as respostas do espírito. Esta é uma técnica mais avançada que requer uma mudança mental entre o estado consciente e o estado de transe.

Quando estiver satisfeito com a experiência, abaixe a caneta. Agradeça e libere o espírito. Libere quaisquer espíritos guardiões adicionais e abra o Círculo. Enraíze-se de volta em seu corpo, alongando-se e movendo-se. Você pode querer comer e beber alguma coisa também.

Certifique-se de revisar o que escreveu e reescrevê-lo se a caligrafia estiver confusa. Quanto mais cedo isso acontecer, maior a chance de acertar.

but
Since
revolutions from
when

Capítulo 12

DIAS SAGRADOS E A RODA DO ANO DO ELEMENTO AR

O AR ESTÁ AO NOSSO REDOR, no entanto, é o único elemento que não podemos ver. Assim como também este elemento é extremamente difundido em muitos aspectos de nossa vida, embora nem sempre seja evidente. Quando escolhemos celebrar aqueles momentos especiais em que o Ar é mais proeminente, criamos mais espaço para o elemento em si. Isso pode aumentar a compreensão de nossos próprios processos mentais, espiritualidade, mudanças, comunicações e vários outros aspectos do Ar.

Momentos para Celebrar o Ar

Juventude

O ar corresponde às partes juvenis da vida, desde o nascimento até a puberdade. Como bebês, nossa primeira respiração marca o início de nossa vida. As crianças incorporam os aspectos ativos, mutáveis e expansivos do elemento Ar. Nossas infâncias são feitas dos dias em que imaginamos, aprendemos algo novo a todo momento e exploramos o mundo ao nosso redor. É também quando aprendemos a falar, escrever e a nos expressar. Alguns também têm suas primeiras experiências espirituais em seus momento de juventude. Hermes, uma das divindades mais associadas a quase todas as facetas do Ar, é descrito como um jovem.

Celebração do Ano Novo

Embora muitas Bruxas celebrem Samhain ou Yule como o Ano Novo, o ano civil começa em 1º de janeiro e as primeiras celebrações do novo ano são definitivamente Pagãs. A divindade grega Janus era homenageada durante todo o mês, mas especialmente no primeiro. O costume de beijar sua amada sob o visco pendurado é de origem druídica e beber álcool neste dia é uma tradição romana.

O início do ano é uma época especialmente arejada de recomeços e declarações de mudança. É uma época em que muitas pessoas escrevem suas intenções para o ano na forma de resoluções. Isso combina os poderes do ano que está mudando e a palavra falada ou escrita.

Primavera

Estação designada ao elemento Ar. A primavera é a poca em que brotos de vida frescos e flores coloridas aparecem. Ventos tempestuosos sopram seus aromas por toda parte. Há uma sensação de recomeço e novidade no ar. A primavera é a estação em que Perséfone deixa o Submundo e retorna ao nosso mundo. A Deusa romana Flora também era homenageada nesta época com a Florália, que ocorria nos últimos dias de abril e primeiros dias de maio.

A primavera nos dá a oportunidade de refletir sobre o significado das estações com as mudanças atuais em nossa vida, do inverno frio para a parte mais quente do ano.

Comemore a primavera cortando flores, comendo frutas e alimentos nutritivos e plantando sementes. Também é um ótimo momento para trabalhar a magia de novos começos, esperança, renascimento, fertilidade, crescimento e purificação.

Volta às Aulas

Onde moro, a maioria das crianças e estudantes universitários volta para a escola no outono, após as férias de verão. Este não é apenas um período de aprendizado intensivo, quando se dá o início do ano letivo. Lembro-me disso como um momento importante, especialmente quando criança. Normalmente, naquele verão, eu tinha tanta liberdade para fazer o que queria que nem me importava em voltar. Lembro-me da empolgação com roupas novas, material escolar novo e a sensação de que tudo poderia acontecer. Os primeiros dias, especialmente, eram cheios de mudanças e discussões de ideias. Posso ter romantizado isso, mas definitivamente há beleza em um novo começo.

Cerimônias de Formatura

No final dos anos de escola, depois de muitos testes e aprimoramento do intelecto, chega a hora de comemorar as conquistas. As cerimônias de formatura são momentos cruciais de mudanças e possibilidades. Eles geralmente fazem muitos discursos e comemoram conquistas intelectuais, inclusive reconhecendo o orador da turma. Os chapéus de formatura têm um significado particular para o elemento Ar – não apenas representam a inteligência, como também são tradicionalmente vermelhos para representar o sangue. Até mesmo o ato de jogar o chapéu para o alto simboliza a mudança que a formatura traz – o fim de uma fase da vida e o início de outra.

Cerimônias de Iniciação Espiritual

Assim como as formaturas escolares celebram as realizações da mente, as iniciações espirituais celebram as conquistas do espírito. Essas experiências liminares costumam ser o início de um novo capítulo em nossa vida mágicas.

Mudança

Chega um momento para a maioria das pessoas em que temos de mudar de casa. O ato de se mudar pode ser uma grande transformação, principalmente se for para outra cidade. Praticamente tudo é novo e é imperativo aprender a localização de locais necessários, como onde encontrar mantimentos e rotas de transporte. Hoje em dia, muitas Bruxas usam fumaça de ervas ou incenso para limpar, promover proteção e remover energia estagnada em seus novos espaços.

Morte

Uma das maiores mudanças que já experimentaremos é aquela que ocorre bem no final de nossa vida – a morte. Até mesmo a experiência da morte de um ente querido pode causar uma mudança tão grande que parece que o mundo está diferente. A presença de espíritos e entes queridos que partiram nos conecta ainda mais com o elemento Ar durante esses tempos.

O Ar e a Roda do Ano

Os dias da Roda do Ano marcam épocas importantes para o Sol e para a Terra. Eles nos dão motivos para comemorar e refletir sobre onde estamos, onde estivemos e para onde vamos. Se você tem um ritual nesses dias ou os observa de alguma forma, é provável que o Ar faça parte dele.

As ideias desta seção oferecem uma maneira de observar o elemento Ar ao longo do ano. Elas podem ser usadas em rituais no dia a dia ou você pode usá-las a qualquer momento durante os dias que antecedem o feriado ou depois, observando a estação do dia comemorado, por exemplo, o Natal.

Esta seção contém receitas de incenso, chás e caldeiradas inspirados na Roda do Ano. Uma abundância de ingredientes foi sugerida para essas receitas – sinta-se à vontade para adaptá-los se não tiver todos os itens. Os ingredientes mais evocativos de cada estação foram escolhidos para os incensos do Sabbat, incluindo muitas ervas correspondentes ao Ar. Para misturar o incenso, misture os ingredientes em proporções bastante uniformes, a menos que seja mencionado o contrário. Uma pequena pitada de cada ingrediente provavelmente é tudo o que precisa para um disco de carvão. Triture os incensos com um almofariz e pilão até ficarem homogêneos. Se optar por usar óleos essenciais ou uma resina pegajosa como seiva de pinheiro, pule o almofariz e o pilão e adicione-os diretamente ao carvão em brasa, em vez de misturá-los com os outros ingredientes. Isso manterá seu almofariz e pilão limpos.

Os chás desta seção foram escolhidos entre a lista de ervas correspondentes que representam o elemento Ar. Combine-os em proporções bastante uniformes, a menos que seja mencionado o contrário. Use cerca de uma colher de sopa por xícara de chá ou ajuste a gosto. Deixe em infusão de 3 a 5 minutos. Os chás para os meses mais quentes podem ser preparados e resfriados com antecedência para uma bebida refrescante e sazonal.

Usar caldeiradas é uma maneira maravilhosa de fazer uso de ervas e criar um pouco de Bruxaria na cozinha. Além de exalarem aromas fantásticos, também têm a vantagem adicional de umidificar o Ar, o que é especialmente agradável nos dias secos de inverno. Para fazer uma caldeirada como exemplificado, misture os ingredientes em uma panela pequena na parte de trás do fogão. Adicione água até que a panela esteja cerca de 3/4 cheia. Ferva suavemente por cinco minutos e, em seguida, ajuste o fogo e continue a ferver. Aprecie os aromas enquanto eles flutuam pela sua cozinha. Adicione água cerca de duas vezes por hora ou sempre que necessário. Uma panela elétrica pode ser substituída por panelas de cozimento lento.

Yule ou Solstício de Inverno

Este Sabbat do feriado de inverno marca o dia mais curto do ano e celebra o renascimento do sol. É uma época em que o ar fresco é perfumado com o aroma alegre de pinheiros, cidra de maçã com especiarias, doces de hortelã-pimenta e bolos de frutas quente. Música natalina e sinos enchem o ar, fazendo as coisas parecerem um pouco mais alegres, apesar das noites longas e escuras. Esta época do ano está associada a Odin liderando a Caçada Selvagem pelos céus.

Quando invocar o Ar em seu ritual de Yule, lembre-se da onda de frio do ar, dos aromas do feriado, do som dos sinos, da energia do Sol renascido e do alvorecer de um novo ano solar.

Incenso de Yule

Olíbano, mirra, sálvia, bagas de zimbro, louro, canela (varas ou pó esmagado), cravo e pinho ou abeto (agulhas ou resina perfumadas), meia parte de pó de macis e óleo de laranja.

Caldeirada de Yule

Um pau de canela de 15 cm de comprimento, uma colher de sopa de cravo, uma pinha de quinze centímetros, cinco folhas de louro, uma colher de chá de casca de laranja, uma colher de chá de noz-moscada em pó.

Imbolc

Momento de celebrar o retorno da luz. A essa altura, fica claro que os dias estão ficando mais longos. Em muitas partes do Hemisfério Norte, a terra ainda está fria e há pouco a fazer fora de casa, além de viajar de um lugar quente para outro. É por isso que muitas pessoas associam Imbolc à lareira. É a época perfeita do ano para ficar na cozinha, fazer biscoitos com especiarias e ensopados saborosos, acender velas e festejar com os entes queridos. Imbolc tem tudo a ver com criar calor onde não há nenhum e confiar que a Roda do Ano vai virar de novo. Esse feriado nos ajuda a ter pensamentos brilhantes e belos sobre os meses ensolarados que virão. Tradicionalmente, também celebra Brigid, a Deusa irlandesa do Fogo, cura, poesia, fertilidade e metalurgia, entre outras coisas. Ótimo momento para realizar um ritual de limpeza doméstica varrendo sua casa com uma vassoura.

Ao invocar o elemento Ar em Imbolc, lembre-se de todos os novos começos, mudanças, luz e transformações que estão ocorrendo. Pense no ar frio lá fora e no cheiro de neve e gelo. Você também pode recorrer à energia aquariana fixa devido ao seu espírito inovador, que pode ajudá-lo a superar os tempos mais frios.

Incenso de Imbolc

Pimenta-preta em grão, pimenta-da-jamaica em pó, canela em pó, gengibre em pó, cravo em pó, porção de fava de baunilha, louro triturado, copal branco.

Caldeirada de Imbolc

Meia colher de sopa de pimenta-da-jamaica em pó, um pau de canela de 15 cm, uma colher de sopa de gengibre em pó, uma colher de sopa de cravo, meia fava de baunilha (ou uma colher de chá de extrato de baunilha), meia colher de sopa de noz-moscada e duas folhas de louro.

Ostara ou Equinócio de Primavera

Nesta época do ano, quando os dias e as noites têm a mesma duração, o ar cheira terra molhada, neve derretida e flores do início da primavera, como crocus, flocos de neve e possivelmente até narcisos. Os pássaros coletam grama para fazer novos ninhos para manter seus ovos. A primavera está chegando, a mudança está no ar e tudo parece novo e cheio de esperança.

As receitas de Ostara evocam um aroma aéreo fresco com o cheiro terroso das raízes. O chá tem um sabor fresco e purificador – o chá verde e o capim-limão elevam o ânimo, enquanto o dente-de-leão, o marshmallow e as raízes de valeriana o impregnam com um sabor terroso perfeitamente equilibrado, assim como o equinócio.

Ao invocar o elemento Ar no equinócio, use a energia do equilíbrio, os aromas das flores da primavera e o som dos pássaros. Traga à mente a mentalidade de esperança e mudança.

Incenso de Equinócio da Primavera

Flores de trevo, raiz de dente-de-leão, raiz de marshmallow, um pouquinho de raiz de valeriana, capim-limão e erva-doce.

Chá do Equinócio da Primevara

Chá verde, flores de trevo, raiz de dente-de-leão, raiz de marshmallow, capim-limão, cavalinha e um pouquinho de raiz de valeriana.

Beltane

Neste belo Sabbats, o ar é fresco e perfumado com os aromas das flores desabrochando em quase todos os lugares. A primavera chegou definitivamente, o que é evidente no zumbido das abelhas e nos pássaros que têm filhotes cantando em seus ninhos. Este tempo está associado à habilidade psíquica, ao espírito e à criatividade, quando muitas pessoas acreditam que o véu entre os mundos é mais fino.

Ao invocar o elemento Ar em seus rituais de Beltane, invoque o perfume das flores desabrochando e a mentalidade do prazer e do amor.

Incenso de Beltane

Flores ou óleo de jasmim, verbena, flores de camomila, folhas de damiana, óleo de ylang ylang e óleo de néroli.

Chá de Beltane

Flores de lavanda, flores de hibisco, pétalas de rosa, trevo vermelho, flores de jasmim, flores de camomila e folhas de damiana.

Litha ou Solstício de Verão

O Solstício de Verão é a época do ano em que os dias são mais longos. As colheitas são fortes e resistentes e a luz do sol pode ser apreciada até tarde da noite. Os aromas herbáceos do incenso e do chá mágicos de verão têm o poder de elevar o ânimo e trazer a energia do sol aos sentidos. Eles são especialmente maravilhosos se você colher qualquer um dos ingredientes de seu próprio jardim.

Quando invocar o elemento Ar para o seu ritual de Solstício de Verão ou Litha, invoque o espírito do Sol em seu auge, o homem verde ou a cor verde, o aroma verde das colheitas e ervas e a mentalidade de força e fertilidade. Invoque as brincadeiras calorosas e loquazes de Gêmeos, assim como os aspectos mutáveis da temporada de verão que se adapta às nossas intenções.

Incenso do Solstício de Verão

Erva-cidreira, tomilho, alecrim, folhas ou flores de lavanda, salsa, sálvia, erva-gateira, hortelã e lúpulo.

Chá do Solstício de Verão

Hamamélis, sálvia verde, tomilho, erva-gateira, flores de trevo, flores de milefólio, lúpulo, hortelã-pimenta e uma pitada de alecrim.

Lughnasadh ou Lammas

Na época de Lughnasadh, a colheita é abundante. As flores ainda perfumam o ar, mas há mais maturidade, que pode ser vista nas plantações e plantas altas. A quantidade de luz solar está diminuindo, mas o calor costuma ser mais intenso. Esta é tradicionalmente a época do ano em que os primeiros campos de grãos são colhidos e o pão é feito. O doce som dos pássaros e insetos enche o ar, tornando os dias e as noites aconchegantes e tranquilos.

Quando invocar o elemento Ar em Lughnasadh, pense em colher as recompensas do trabalho que realizou, no cheiro doce do pão assando e na música do mundo natural.

INCENSO DE LUGHNASADH

Olíbano, raiz de angélica, sangue de dragão, flores de milefólio, verbena, alecrim e meia porção de gengibre.

CHÁ DE LUGHNASADH

Flores de milefólio, gotu kola, cavalinha, verbena, ginseng siberiano ginseng, alecrim e meia porção de casca de limão seca.

Mabon ou Equinócio de Outono

O Equinócio de Outono marca uma mudança nos dias quentes de verão. As noites caem mais cedo e algumas podem ter um friozinho no Ar. Nas latitudes mais ao Norte, as folhas começam a mudar de cor. Mabon é a segunda colheita, quando muitas frutas e legumes são colhidos. É o tempo de dias e noites iguais. O momento após o equinócio é exato, regra dos tempos mais frios e sombrios, marcando seis meses de jornada interior. É hora de guardar para o inverno e preparar a terra e nossas mentes para o que está por vir.

Quando invocar o Ar no Equinócio de Outono, invoque o equilíbrio entre a luz e a escuridão e os aromas de maçã, abóbora, tomate e ervas. Traga à tona os valores de justiça e equidade de Libra e use a energia cardeal para criar paz e amor que durarão durante o longo inverno.

INCENSO DO EQUINÓCIO DE OUTONO

Sândalo (lascas ou pó), canela, mirra, cravo, cardamomo, óleo de ylang ylang e um pouquinho de vetiver (planta ou óleo).

Chá do equinócio de Outono

Porção dupla de chá preto, casca de laranja desidratada, paus de canela triturados, meia porção de cravo, vagens de cardamomo (abertas) e gengibre.

Samhain

Nesta época do ano, as folhas secas estalam sob os pés e o ar costuma sofrer uma onda de frio. Talvez você possa sentir o estreitamento do véu e como o Ar está cheio de espíritos. Samhain é a terceira colheita, quando o jardim e as colheitas não existem mais. Tradicionalmente, esta era a época de abate de gado.

Quando invocar o elemento Ar no Samhain, invoque os espíritos dos ancestrais, a sabedoria, a mudança e o aroma do composto.

Incenso de Samhain

Artemísia, noz-moscada em pó ou óleo essencial, erva-doce, tomilho, raiz de angélica, eufrásia e verbena.

Caldeirada de Samhain

Uma colher de chá de noz-moscada em pó, anis-estrelado, uma maçã fatiada, um pau de canela de 12 cm, uma colher de sopa de cravo e meia colher de sopa de pimenta-da-jamaica em pó.

Dias da Semana

Os dias da semana têm muitas associações a divindades e ações correspondentes. No entanto, eles podem ser vistos de uma perspectiva voltada ao Ar sobre os trabalhos mágicos. As informações nesta seção se referem apenas às partes dos dias correspondentes ao elemento Ar.

- Segunda-feira: associada à Selene, Hécate e aos espíritos. É um bom momento para obter maior controle sobre as emoções e meditar.

Bom para tentar projeção astral, necromancia e adivinhação. A Magia da mudança também é favorecida neste dia.

- TERÇA-FEIRA: dia de Marte. Mesmo que Marte não seja uma divindade do Ar, este ainda é um bom dia para agir em algo que pretende fazer há algum tempo. A energia deste dia pode ser usada para Magia de justiça, purificação e busca da verdade.
- QUARTA-FEIRA: associada a Mercúrio, Hermes, Athena e Odin. A melhor Magia do Ar para este dia inclui agir, comunicar-se, conduzir negócios, ser criativo, viajar e usar sua inteligência.
- QUINTA-FEIRA: conectada com Thor, Juno, Júpiter e Zeus. Use o poder expansivo deste dia em sua Magia para abundância, justiça, liberdade, poder, liderança e sucesso.
- SEXTA-FEIRA: regida por Frigg, este é um ótimo momento para trabalhar a magia nas comunicações, especialmente com os entes queridos. Também pode ser usado para purificar a mente e trazer maior sabedoria.
- SÁBADO: associado a Saturno e Hécate. À medida que a semana de trabalho passa para o fim de semana, use a energia para fazer mudanças, limpar, amarrar, banir e criar maior liberdade e autodisciplina.
- DOMINGO: dia do Sol e das divindades solares como Hélio, Rá e Mitras. Use a energia mágica deste dia para iniciar novos projetos (especialmente ao nascer do sol), agir, ser criativo, construir abundância e buscar visões. Outros trabalhos mágicos abençoados neste dia incluem trabalho de justiça, liderança, fama e refinamento do poder da mente.

Aproveite o Dia

Existem incontáveis dias em que temos a chance de refletir sobre o elemento Ar em nossa vida. Nossas realizações e a mudança das estações refletem nossa própria mudança interna, bem como as mudanças no mundo. Use esses momentos para cultivar uma mente flexível e adaptável, que abraça todas as dádivas do momento presente.

but
Since
revolutions from
when

Conclusão

SEJA COMO FOR, QUE O VENTO SOPRE

O DOMÍNIO DO ELEMENTO AR exige que incorporemos seus muitos aspectos. Devemos nos tornar os árbitros da mudança em nossas próprias vidas. Devemos nos aventurar nos reinos desconhecidos do Ar e retornar com mais conhecimento. Devemos ser capazes de focar, comunicar, agir e nos adaptar a um mundo em constante mudança. Felizmente, o elemento Ar recompensa aqueles que desejam "saber". Ele revela seus segredos para aqueles que os procuram.

Claro, nenhum elemento existe no vácuo. O equilíbrio entre os quatro elementos é essencial. Suas energias juntas criam a dinâmica da vida – mente, corpo e espírito. Quando esses elementos estão em harmonia, podemos realmente prosperar. Embora eu pessoalmente adore o elemento Ar, estou ansioso para desenvolver um relacionamento mais próximo com os outros elementos. Espero que você também busque suas perspectivas, energias e sabedoria.

Eu gostaria de deixar uma bênção do Ar para você. Meu desejo é o seguinte: toda vez que olhar para o céu, receba todas as bênçãos de uma associação poderosa com o elemento Ar. Que o céu o lembre das lições mais pungentes deste livro. Estas lições serão inevitavelmente diferentes para todos – para alguns, o céu irá lembrá-los de respirar e expandir sua energia. Para outros, eles se lembrarão de exercitar o discernimento e a lógica com mais frequência. Talvez isso o inspire a sentir os espíritos no vento ou a transmitir seus desejos através do reino mágico do Ar.

Qualquer que seja sua lição pessoal, espero que ela lhe dê asas e perspectiva. Muito obrigada por embarcar neste voo comigo.

Com carinho,

Astrea

but
Since
revolutions from

AGRADECIMENTOS

EM PRIMEIRO LUGAR, agradeço ao meu marido Tim por nosso grande amor, por me manter com os pés no chão, por sempre encontrar meus óculos e por me inspirar com sua ética de trabalho criativo. Em seguida, meu muito obrigada a Scarlett, Ashes, Andrea, Kari e Christine por nossas conversas inspiradoras e amizades incrivelmente solidárias. Agradeço também à minha mãe, irmã e a outros membros da família por seu apoio e amor contínuos.

Agradecimentos especiais vão para minha editora da Llewellyn, Heather Greene, que torna meus livros melhores com suas percepções inteligentes. Tenho sorte de trabalhar com uma pessoa tão organizada e talentosa. Agradeço também às outras pessoas prestativas de Llewellyn – ter alguém acreditando em meu trabalho é inestimável.

Obrigada a todos os meus amigos escritores fabulosos da *Patheos Pagan,* que me apoiaram tanto e ajudaram a levantar minha voz, especialmente Jason Mankey, Brianne Ravenwolf, Mat Auryn, Cyndi Brannen, Phoenix LeFae, Gwion Raven, Laura Tempest Zakroff, Kelden, Lilith Dorsey, Devin Hunter, Lisa Bland, Elliot Director, Gwyn, Misha Magdalene e Irisanya Moon. Agradeço também a outros membros da comunidade, particularmente Meg Rosenbriar, Louisa Blackthorn, Lisa Marie Basile, Luna Crowley, Briony Silver, Chris Forester, Steven Intermill, Car, Ode, Jacki Smith, Mika Hills, Mabh Savage, Alfred Willowhawk, Kendra McMahan, Carly Rose, Jennifer Williams, Tam e Dale Rois, Debbie Lewis e Luna Eclipse.

Deixo meus agradecimentos também aos outros amigos maravilhosos Rhiannon, Mary, Laura, Seth, Tatiara, Ali, Stefanie, Penny, Heather, Amy, Joe, Mere, Haley, Shay, Vida, Keri, Theresa, Joelle, Dorian, Fenix,

Jesica, Irish, Colleen, Gabriel, Kerrie, Chris, Shari, Lissa, Leslie e Tammy. E obrigada a todos no grupo do Facebook *Intuitive Witchcraft* também – vocês são incríveis.

Agradeço a Maria e aos meus outros amigos da *Baba Yaga's Hut*. Obrigado a Selena Fox, Circle Sanctuary e todos no *Pagan Spirit Gathering* que me inspiraram ao longo dos anos, especialmente Susu e Penny Goody, por ministrar workshops maravilhosos sobre Bruxaria climática.

E ao meu grupo de escritores local e aos fãs da minha ficção, que caminharam pela Casa da Transformação e se reuniram para *Belle Dame Sans Merci*. Por fim, agradeço a Casper e Crow pela inspiração e orientação contínuas.

Apêndice

TABELA DE CORREPONDÊNCIAS DO ELEMENTO AR

Palavras-chaves do elemento Ar	A mente, imaginação, pensamentos, comunicação, espírito, mudança, expansão.
Direção	Leste (ou Norte)
Estação	Primavera (ou inverno)
Hora do dia	Amanhecer (ou noite)
Signos Astrológico	Gêmeos, Libra, Aquário
Planetas	Mercúrio, Júpiter, Urano
Cartas do Tarô	Espadas, Louco, Imperador, Justiça, Julgamento
Chacra	Garganta, Terceiro Olho, Coroa
Instrumentos	Espada/Athame, Incensário, Sino e, às vezes, o Bastão/Varinha
Incenso	Cedro, copal, incenso, mirra, sândalo
Elementais	Silfos/sílfides
Cores	Amarelo, branco, azul-celeste, roxo
Gemas	Ametista, charoita, fluorita, lápis-lazúli, moldavita, quartzo, sodalita

Plantas	Áster, dente-de-leão, lavanda, hortelã, salsa, alecrim, sálvia, tomilho, verbena
Árvores	Aspen, louro, sabugueiro, abeto, espinheiro, avelã, tília, bordo, carvalho, nogueira, hamamélis, teixo
Objetos naturais	Penas, asas de insetos, fumaça
Animais	Todos os pássaros, morcegos e insetos voadores, como borboletas, mariposas, libélulas, grilos, abelhas
Divindade	Athena, Au Set, Ayida Wedo, Hermes, Hórus, Inanna, Júpiter, Obatalá, Odin, Oyá, Urano, Zeus
Sentido	Olfato, Audição
Lição mágica	Saber

BIBLIOGRAFIA

Adler, Margot. *Drawing Down the Moon: Witches, Druids, Goddess-Worshippers, and Other Pagans in America.* Revised Ed. New York: Penguin Books, 2006.

Agrippa, Heinrich Cornelius. *Occult Philosophy Book 1: Natural Magic.* Joseph H. Peterson, 2000. Accessed November 24, 2019. http://www.esotericarchives.com/agrippa/agrippa1.htm#chap3

______________________*Occult Philosophy Book 3: Ceremonial Magic.* Joseph H. Peterson, 2000. Accessed November 24, 2019. http://www.esotericarchives.com/agrippa/agripp3b.htm.

All Nursery Rhymes. *One for Sorrow.* Accessed November 27, 2019. https://allnurseryrhymes.com/one-for-sorrow/.

Alvarado, Denise. *The Voodoo Hoodoo Spellbook.* San Francisco: Weiser Books, 2011.

Attar, Farid Ud-Din. *Conference of the Birds.* Translated by Afkham Darbandi and Dick Davis. London: Penguin Classics, 1984.

Alexander, Skye. *Modern Guide to Witchcraft: Your Complete Guide to Witches, Covens, & Spells.* Avon: Adams Media, 2014.

Apuleius. *The Golden Ass Or, A Book of Changes.* Translated by Joel Relihan. Indianapolis: Hackett Publishing Company, 2007.

Baribeau, Renee. *Winds of Spirit: Ancient Wisdom Tools for Navigating Relationships, Health, and the Divine.* New York: Hay House, 2018.

Bauer, Susan Wise. *The Story of the World: History for the Classical Child. Volume 2: The Middle Ages From the Fall of Rome to the Rise of the Renaissance.* Second Edition. Charles City: Peace Hill Press, 2007.

Basile, Lisa Marie. *Light Magic for Dark Times: More Than 100 Spells, Rituals, and Practices for Coping in a Crisis.* Beverly: Fair Winds Press, 2018.

Basile, Lisa Marie. *Magical Writing Grimoire: Use the Word as Your Wand for Magic, Manifestation &Ritual.* Beverly: Fair Winds Press, 2020.

BBC News. *Fairy Tale Origins Thousands of Years Old, Researchers Say.*Published January 20, 2016. Accessed March 21, 2020. https://www.bbc.com/news/uk-35358487.

Blake, Deborah. *The Witch's Broom: The Craft, Lore, and Magick of Broomsticks.* Woodbury: Llewellyn Publications, 2014.

Blakely, Sandra. *Myth, Ritual and Metallurgy in Ancient Greece and Recent Africa*. Oxford: Cambridge University Press, 2006.

Borges, Jorge Luis. *The Book of Imaginary Beings.* Translated by Andrew Hurley. New York: Penguin Group, 2005.

Brand, John, and Henry Bourne. *Observations on Popular Antiquities.* London: J. Johnson, 1777.

Brown, Ann. *How Many Breaths Do You Take Each Day?* The EPA Blog. Published April 24, 2014. Accessed 7/3/2019. https://blog.epa.gov/2014/04/28/how-many-breaths-do-you-take-each-day/.

Campbell, Polly. *Movement Can Help You Feel Better-Fast. Psychology Today*. Posted January 23, 2013. Accessed December 11, 2019. https://www.psychologytoday.com/us/blog/imperfect-spirituality/201301/movement-can-help-you-feel-better-fast.

Chevallier, Andrew. *Herbal Remedies (Eyewitness Companions)*. New York: DK Publishing, 2007.

Cunningham, Scott. *Cunningham's Encyclopedia of Crystal, Gem, and Metal Magic.* Second Edition. Woodbury: Llewellyn Worldwide, 2018.

_________________ *Wicca: A Guide for the Solitary Practitioner.* First Edition, revised. Woodbury: Llewellyn Worldwide, 2004.

Daimler, Morgan. *Fairies: A Guide to the Celtic Fair Folk*. Alresford: John Hunt Publishing, 2017.

Davies, Owen. *The Rise of Modern Magic. In The Oxford Illustrated History of Witchcraft & Magic*, edited by Owen Davies, 167–194. Oxford: Oxford University Press, 2017.

De Blécourt, Willem. *Witches on Screen. In The Oxford Illustrated History of Witchcraft & Magic*, edited by Owen Davies, 253-280. Oxford: Oxford University Press, 2017.

Dell, Christopher. *The Occult, Witchcraft & Magic: An Illustrated History*. London: Thames & Hudson, 2016.

Dias, Brian G. and Kerry J. Ressler. *Parental Olfactory Experience Influences Behavior and Neural Structure in Subsequent Generations*. Nature.com. Published December 1, 2013. Accessed December 28, 2019. https://www.nature.com/articles/nn.3594.

Dictionary.com. *Neopaganism*. Accessed December 21, 2019. https://www.dictionary.com/browse/neopaganism.

Dubats, Sally. *Natural Magick: The Essential Witch's G rimoire*. New York: Citadel Press, 2002.

Emba, Christine. *An Entire Generation is Losing Hope. Enter the Witch. Washington Post*, published November 13, 2018, accessed December 28, 2019. https://www.washingtonpost.com/opinions/an-entire-generation-is-losing-hope-enter-the-witch/2018/11/13/a939001e-e6c9-11e8-bbdb-72fdbf9d4fed_story.html.

Encounters With the Good People. *Encounters with the Good People*. Last modified December 10, 2019, accessed January 2, 2020. https://encounterswiththegoodpeople.com/index.php/category/story/.

Faerywolf, Storm. *Betwixt and Between: Exploring the Faery Tradition of Witchcraft*. Woodbury: Llewellyn Publications, 2017.

Filan, Kenos. *The Haitian Voodoo Handbook: Protocols for Riding with the Lwa*. Rochester: Destiny Books, 2007.

Frazier, Sir James. *The Golden Bough: A Study in Magic and Religion*. Abridged ed. New York: Macmillan, 1922, Bartelby.com, 2000. Published 2000, accessed September 9, 2019. https://www.bartleby.com/196/13.html.

Garrett, Lynn. *Season of the Witch: Mind Body Spirit Books. Publishers Weekly*. Published August 2, 2019. Accessed December 28, 2019. https://www.publishersweekly.com/pw/by-topic/new-titles/adult-announcements/article/80847-season-of-the-witch-mind-body-spirit-books.html.

Godfinder. *Symbolism and Natural History of the Sacred Trees*. Accessed April 5, 2020. http://www.godfinder.org/sacred-tree.html.

Grasse, Ray. *The Waking Dream: Unlocking the Symbolic Language of Our Lives*. Wheaton: Quest Books, 1996.

Greene, Heather. *Bell, Book, and Camera: A Critical History of Witches in American Film and Television*. Jefferson: McFarland & Company, 2018.

Greer, John Michael. *The Occult Book: A Chronological Journey from Alchemy to Wicca*. New York: Sterling, 2017.

Grimassi, Raven. *The Craft of the Witches*. Llewellyn. Published September 1, 2002. Accessed April 28, 2020. https://www.llewellyn.com/journal/article/423.

Grimassi, Raven. *What We Knew in the Night: Reawakening the Heart of Witchcraft*. Newburyport: Red Wheel, 2019.

Grundy, Benjamin. *New Study Confirms Maori Legend of Giant Eagle*. Mysterious Universe. Published September 15, 2009. Accessed November 25, 2019. https://mysteriousuniverse.org/2009/09/new-study-confirms-maori-legend-of-giant-eagle/.

Guggenheim, Bill and Judy. *Hello From Heaven: A New Field of Research-After-Death-Communication-Confirms that Life and Love are Eternal*. New York: Bantam, 1997.

Hall, Judy. *Principles of Psychic Protection.* New York: Thorsons, 1999.

Hamer, Ashley. *Here's Why Smells Trigger Such Vivid Memories.* Curiosity.com. Published January 31, 2018.Accessed December 28, 2019. https://curiosity.com/topics/heres-why-smells-trigger-such-vivid-memories-curiosity/.

Hamilton, Edith. *Mythology: Timeless Tales of Gods and Heroes.* New York: Mentor Books, 1940.

Hamilton, Virginia. *In the Beginning: Creation Stories from Around the World.* New York: Harcourt, Inc., 1988.

Handwerk, Brian. *From St. Nicholas to Santa Claus: The Surprising Origins of Kris Kringle. National Geographic.* Published December 25, 2018. Accessed October 23, 2019.https://www.nationalgeographic.com/news/2018/12/131219-santa-claus-origin-history-christmas-facts-st-nicholas/.

Harlowe, George E., and Anna S. Sofianides. *Gems and Crystals From One of the World's Greatest Collections.* New York: Sterling Signature, 2015.

Theoi. *Harpyiai.* Theoi.com. Accessed April 20, 2020. https://www.theoi.com/Pontios/Harpyiai.html.

Hewitt, J.F. *History and Chronology of the Myth-Making Age.* London: J. Parker and Co., 1901.

Hopman, Ellen Evert. *A Druid's Herbal for the Sacred Earth Year.* New York: Simon and Schuster, 1994.

Hull, Emily. *Graduation Ceremony Traditions and History. CNY News*, June 19, 2013. Accessed May 8, 2020. https://cnynews.com/graduation-ceremony-traditions-and-history/.

Hunter, Devin. *The Witch's Book of Spirits.* Woodbury: Llewellyn Publications, 2017.

IPCC (Intergovernmental Panel on Climate Change). *Climate Change 2014: Synthesis Report. Contribution of Working Groups I, II and III to the Fifth Assessment Report of the Intergovernmental Panel on Climate Change* [Core Writing Team, R.K. Pachauri and L.A. Meyer (eds.)]. IPCC, Geneva, Switzerland, 151 pp., 2014.

Jones, David E. *An Instinct for Dragons.* Milton Park: Routledge, 2016.

Kelden. *The Crooked Path: An Introduction to Traditional Witchcraft.* Woodbury: Llewellyn Publications, 2020.

Kinkele, Thomas. *Incense and Incense Rituals.* Twin Lakes: Lotus Press, 2005.

Koehler, Julie and Claudia Schwabe. *Fairy Tales and Folktales.* Last modified February 22, 2018. Accessed March 21, 2020. https://www.oxfordbibliographies.com/view/document/obo-9780199791231/obo-9780199791231-0195.xml.

Kynes, Sandra. *Llewellyn's Complete Book of Correspondences: A Comprehensive & Cross-Referenced Resource for Pagans & Wiccans.* Woodbury: Llewellyn Publications, 2013.

Lagay, Faith, PhD. "The Legacy of Humoral Medicine." *AMA Journal of Ethics: Illuminating the Art of Medicine.* Published July 2002. Accessed December 7, 2019. https://journalofethics.ama-assn.org/article/legacy-humoral-medicine/2002-07.

Leonora, Inga. *Quarters, Elements, & the Problem of Direction.* Australis Incognita—Old Craft in Australia. Posted September 1, 2014, accessed December 7, 2019.https://australisincognita.wordpress.com/2014/09/01/quarters-elements-the-problem-of-direction/

Lévi, Éliphas. *The Paradoxes of the Highest Science.* Second ed. Translator unknown. Pomeroy: Health Research Books, 1996.

Lewis, James R. *Witchcraft Today: An Encyclopedia of Wiccan and Neopagan Traditions.* Santa Barbara: ABC-CLIO Inc., 1999.

Livingstone, David. *The Dying God: The Hidden History of Western Civilization.* Bloomington: IUniverse, 2002.

MacLir, Algerian Gwydion. *The Witch's Wand: The Craft, Lore, and Magick of Wands and Staffs.* Woodbury: Llewellyn Publications, 2015.

Malamut, Melissa. "Witch Population Doubles as Millennials Cast Off Christianity." *New York Post.* Published November 20, 2018, accessed December 28, 2019. https://nypost.com/2018/11/20/witch-population-doubles-as-millennials-cast-off-christianity/.

Mankey, Jason. *Transformative Witchcraft: The Greater Mysteries.* Woodbury: Llewellyn Publications, 2019.

Mankey, Jason. *The Witch's Wheel of the Year: Rituals for Circles, Solitaries, and Covens.* Woodbury: Llewellyn Publications, 2019.

Melville, Francis. *The Book of Faeries: A Guide to the World of Elves, Pixies, Goblins, and Other Magic Spirits.* Hong Kong: Regent Publishing Services Ltd., 2002.

Sthorpe11. *Mercuralia-Festival of Mercury. Creating History.* Published May 14, 2013. Accessed May 1, 2020. http://www.creatinghistory.com/mercuralia-festival-of-mercury/

Meredith, Jane, and Gede Parma. *Elements of Magic: Reclaiming Earth Air, Fire, Water, and Spirit.* Woodbury, Llewellyn Publications, 2018.

Morita, Kiyoko. *The Book of Incense: Enjoying the Traditional Art of Japanese Scents.* Tokyo: Kodansha International, 2006.

Mynott, Jeremy. *Birds in the Ancient World: Winged Wonders.* Oxford: Oxford University Press, 2018.

Napoli, Donna Jo. *Treasury of Norse Mythology: Stories of Intrigue, Trickery, Love, and Revenge.* Washington DC: National Geographic, 2015.

Nigg, Joseph. *The Book of Dragons and Other Mythical Beasts.* New York: Quarto, 2002.

Nigg, Joseph. *The Book of Fabulous Beasts: A Treasury of Writings from Ancient Times to the Present.* New York: Oxford University Press, 1999.

Online Etymology Dictionary. *Daimon*. Accessed 12.28.19. https://www.etymonline.com/word/daimon.

Online Etymology Dictionary. *Demon*. Accessed 12.28.19. https://www.etymonline.com/word/demon.

Page, Sophie. *Medieval Magic*. In *The Oxford Illustrated History of Witchcraft & Magic*, edited by Owen Davies, 29-64. Oxford: Oxford University Press, 2017.

Parma, Gede. *Spirited: Taking Paganism Beyond the Circle.* Woodbury: Llewellyn Publications, 2009.

Perrone, Bobette, H. Henrietta Stockel, and Victoria Krueger. *Medicine Women, Curanderas, and Women Doctors.* Norman: University of Oklahoma Press, 1989.

Peoples, Hervey C., Pavel Duda, and Frank W. Marlowe. Hunter-Gatherers and the Origins of Religion. *Human Nature (Hawthorne, N.Y.)* vol. 27,3 (2016): 261-82.

Phillips, Barty. *The Book of Herbs: An Illustrated A-Z of the World's Most Popular Culinary and Medicinal Plants*. Springville: Hobble Creek Press, 2006.

Pollio, Marcus Vitruvius, trans. by Joseph Gwilt. *The Architecture of M. Vitruvius Pollio in Ten Books.* London: The British Library, 1823.

Quinlan, Ginger. *Scents of the Soul: Creating Herbal Incense for Body, Mind, and Spirit.* Forres: Findhorn Press, 2009.

Rankine, David, and Sorita D'Este. *Practical Elemental Magick: A Guide to the Four Elements (Air, Fire, Water, and Earth) in the Western Esoteric Tradition*. Glastonbury: Avalonia, 2008.

Renfrew, Colin. *Prehistory: The Making of the Human Mind.* New York: Modern Library, 2008.

Rogo, D. Scott. *Leaving the Body: A Complete Guide to Astral Projection.* New York: Fireside, 1983.

Roth, Harold. *The Witching Herbs: 13 Essential Plants and Herbs for Your Magical Garden.* Newburyport: Red Wheel, 2017.

Russell, Jeffrey Burton. *Witchcraft in the Middle Ages.* Ithaca: Cornell University Press, 1972.

Schalen, Leonard. *The Alphabet Versus the Goddess: The Conflict Between Word and Image.* London: Penguin, 1999.

Schumann, Walter. *Gemstones of the World.* Fifth Edition, revised. Sterling: New York, 2013.

Shuker, Dr. Karl. *Dragons: A Natural History.* New York: Simon and Schuster, 1995.

Siculus, Diodorus. *Library of History, Book IV*. University of Chicago. Accessed September 9, 2019.http://penelope.uchicago.edu/Thayer/E/Roman/Texts/Diodorus_Siculus/4C*.html.

Smith, Ryan. *The Way of Fire and Ice: The Living Tradition of Norse Paganism.* Woodbury: Llewellyn Publications, 2019.

Smith, Steven R. *Wylundt's Book of Incense.* Newburyport: Weiser Books, 1996.

Spencer, Ezzie. *Lunar Abundance: Cultivating Joy, Peace, and Purpose Using the Phases of the Moon*. Philadelphia: Running Press Adult, 2018.

Sperlin, Ottis Bedney. *Studies in English-World Literature*. New York: Century Company, 1923.

Stone, Merlin. *When God Was A Woman.* New York: Harcourt Brace & Company, 1976.

Toll, Maia. *The Illustrated Herbiary: Guidance and Rituals from 36 Bewitching Botanicals.* North Adams: Storey Publishing, 2018.

Voltmer, Rita. "The Witch Trials." In *The Oxford Illustrated History of Witchcraft & Magic*, edited by Owen Davies, 97-133. Oxford: Oxford University Press, 2017.

Webster, Richard. *Llewellyn's Complete Book of Divination: Your Definitive Source for Learning Predictive and Prophetic Techniques.* Woodbury: Llewellyn Publications, 2017.

Weigle, Martha. *Spiders & Spinsters: Women and Mythology.* Albuquerque: University of New Mexico Press, 1982.

White, T.H. *The Book of Beasts: Being a Translation from a Latin Bestiary of the Twelfth Century.* New York: Dover Publications, 1984.

Whitehurst, Tess. *The Magic of Flowers: A Guide to their Metaphysical Uses and Properties.* Woodbury: Llewellyn Publications, 2013.

Wilkinson, Toby. *The Rise and Fall of Ancient Egyp*t. London: A&C Black, 2011.

Williamson, Cecil. "468—Print." Museum of Witchcraft and Magic. Accessed September 9, 2019. https://museumofwitchcraftandmagic.co.uk/object/print-5/.

Willoughby, Jean. *Nature's Remedies: An Illustrated Guide to Healing Herbs.* San Francisco: Chronicle Books LLC, 2016.

Zagami, Leo Lyon. *The Invisible Master: Secret Chiefs, Unknown Superiors, and the Puppet Masters Who Pull the Strings of Occult Power from the Alien World.* San Francisco: CCC Publishing, 2018.

Zakroff, Laura Tempest. *Sigil Witchery: A Guide To Crafting Magick Symbols.* Woodbury: Llewellyn Publications, 2018.

ÍNDICE REMISSIVO

SOBRE A AUTORA

Astrea Taylor é uma praticante de Bruxaria com mais de vinte e cinco anos de dedicação à Arte. Sua jornada nos traz uma mescla eclética de Tradições Pagãs, enriquecida por sua profunda experiência. Considerada uma autora prolífica, Astrea vem contribuindo com obras significativas como *Intuitive Witchcraft, Inspiring Creativity Through Magick*, e é coautora de *Modern Witchcraft with the Greek Gods.*

Com formação acadêmica em Ciências pela *Antioch College* e mestrado em ciências ambientais pela *Wright State University*, a autora proporciona em suas obras uma abordagem científica da espiritualidade. Seu tempo se divide entre facilitar workshops e rituais on-line e participar de festivais em todo o território dos Estados Unidos para ensinar Bruxaria. Sob o pseudônimo de Starlight Witch ela também contribui ocasionalmente com artigos no *Patheos Pagan*. Sua presença on-line é uma fonte de inspiração e aprendizado para aqueles que buscam uma conexão mais profunda com a espiritualidade Pagã e a arte da Bruxaria.

Para conhecer mais sobre o trabalho apaixonante de Astrea, siga-a nas redes sociais em @astreataylor.

ARDANE

Esta edição foi composta pela Ardane, São Paulo, SP. Os papéis utilizados foram o offset, gramatura 90 para o miolo e cartão triplex para a capa. O texto principal foi composto em fonte Garamond Premier Pro 11 e entrelinhamento 16 e os títulos em OPTIEngeEtienne 17 e entrelinhamento 24. Impresso no Brasil.